经济社会系统视角下土地利用碳排放效应研究

张 苗 著

中国财经出版传媒集团

经济科学出版社
Economic Science Press

·北京·

图书在版编目 (CIP) 数据

经济社会系统视角下土地利用碳排放效应研究 / 张苗著. -- 北京 ： 经济科学出版社，2025. 2. -- ISBN 978 - 7 - 5218 - 6739 - 8

Ⅰ. F321. 1；X511

中国国家版本馆 CIP 数据核字第 2025LK8553 号

责任编辑：李晓杰
责任校对：郑淑艳
责任印制：张佳裕

经济社会系统视角下土地利用碳排放效应研究
张　苗　著
经济科学出版社出版、发行　新华书店经销
社址：北京市海淀区阜成路甲 28 号　邮编：100142
教材分社电话：010 - 88191645　发行部电话：010 - 88191522
网址：www. esp. com. cn
电子邮箱：lxj8623160@ 163. com
天猫网店：经济科学出版社旗舰店
网址：http：//jjkxcbs. tmall. com
北京季蜂印刷有限公司印装
710 × 1000　16 开　13. 25 印张　200000 字
2025 年 2 月第 1 版　2025 年 2 月第 1 次印刷
ISBN 978 - 7 - 5218 - 6739 - 8　定价：56. 00 元
(图书出现印装问题，本社负责调换。电话：010 - 88191545)
(版权所有　侵权必究　打击盗版　举报热线：010 - 88191661
QQ：2242791300　营销中心电话：010 - 88191537
电子邮箱：dbts@ esp. com. cn)

前　　言

　　由碳排放增加而引起的全球气候变化是全人类共同面临的重大挑战，土地利用变化导致的净排放成为大气中二氧化碳（CO_2）增加的第二大原因，采用土地调控和管制政策来促进碳减排已达成共识，由土地利用引发的碳排放机制和规律还在探索之中，特别是土地利用与社会政治经济因素结合而引起的碳排放效应，成为土地调控碳减排的主要障碍。本书聚焦于探索经济社会系统下的土地利用碳排放效应传导机制、收敛路径及调控对策研究，并尝试在方法和视角上进行创新深化研究。

　　在土地利用碳排放效应传导机制方面，主要研究了土地利用对碳排放的总体影响和分土地利用方式的具体影响。在总体影响上，主要采用结构方程模型讨论了土地利用对碳排放影响的作用机制和传导路径，研究发现土地利用对碳排放影响的总效应为正向促进，且间接效应远远大于直接效应，主要通过城市化、产业结构和经济增长三条路径对碳排放产生间接影响，对应本书第三章；在具体土地利用方式上，采用中介效应和空间杜宾模型分别探究了土地出让市场化和土地集约利用对碳排放的影响机制，前者研究表明土地出让市场化主要通过促进产业结构合理化发展、抑制产业结构高级化份额失衡、推动产业结构高质量化提升对碳排放产生抑制作用，后者则揭示了土地集约利用对碳排放的多层次影响，包括存在倒"U"形曲线关系，城市化和产业结构为间接影响途径及显著的空间互动关系，分别对应本书第四章和第五章。本部分研究揭示了不论是从土地总体利用视角还是分土地利用方式视角，土地利用都会对碳排放产生显著性影响，主要通过城市化和产业结构产生传导

1

效应。

在土地利用碳排放效应收敛路径方面，主要分析了碳排放约束下中国省域层面土地利用碳排放效率的空间关联网络特征及形成机制，研究表明中国省域土地利用碳排放效率空间关联网络的形成和演变受资源禀赋差异、市场机制调节、政府宏观调控和信息技术进步四种机制的影响。在此基础上，以山东省为研究区域，探讨了其设区市层面的建设用地碳排放效率的空间关联网络特征及其影响因素，研究表明建设用地碳排放效率空间关联网络的形成是流动要素资源在非流动建设用地上政府调控和市场供需流动的综合结果，地理邻近、土地利用强度和结构、经济发展水平、产业结构及城市化是显著性影响因素，分别对应本书第六章和第七章。本部分研究厘清了缩小区域间土地利用碳排放差异的关键路径，为合理配置土地资源和区域间效率协同提升提供了科学依据。

在土地利用碳排放效应创新深化研究方面，主要将撤县设区、城市扩张和碳排放置于同一研究框架下研究。首先采用双重差分法评价了撤县设区对城市扩张的影响，研究发现撤县设区政策促进了城市扩张，主要通过增加非农产业占比、提高农村转移人口比重、改善基础设施建设、扩大固定资产投资等路径产生积极影响，通过加大行政干预程度和扩大市场规模产生消极影响。进一步地，采用中介效应和空间杜宾模型探讨了城市扩张对碳排放的影响机制，城市扩张对当地碳排放的直接影响呈"U"形关系，而在政府间策略互动下对周边城市碳排放存在倒"U"形空间溢出效应；产业结构升级和产业集聚是城市扩张影响碳排放的重要中介机制，分别对应本书第八章和第九章。此部分综合讨论碳排放情境下的政策实施、政策影响及经济社会反馈，增加了土地利用碳排放效应的宏观研究视角，回应了本书的研究视角即经济社会系统。

本书的研究成果为形成土地调控碳减排政策体系提供了有益启示，在理论上可丰富完善土地可持续利用管理与低碳经济理论，拓宽了土地利用碳排放研究面；在实践上可指导政策干预土地利用碳排放效应传导路径及促进我国土地利用碳排放尽快达到"稳态"，弥补现有土地调控政策不足，实现土地利用碳减排的精准调控，为面向"双碳"战略的国土空间规划提供决策信息。

本书是国家自然科学基金青年项目"土地利用碳排放效应传导机制、收敛路径与调控对策研究"（批准号：42001252）成果的系列汇编，本书出版获得该基金支持。同时，获山东省社科联 2023 年度人文社会科学课题"高质量发展背景下山东城市土地资源配置优化路径研究"（2023ESDZ047）的支持，获山东省高等学校青创科技计划支持（2024KJL016）。

本书是集体劳动成果，是本人和合作者发表系列学术论文汇编，湖北经济学院吴萌老师参与本书第三章撰写工作，天津大学博士生刘璇参与第四章和第九章撰写工作，中国国土勘测规划院节约集约利用所张玉臻博士参与第八章撰写工作。硕士生刘俊峰、苏双瑜、刘康琳、李文昊和本科生孙淑倩参与了格式规范修订和后期校对工作。在此一并表示衷心的感谢！

由于作者水平有限，书中难免有疏漏之处，恳请读者批评指正！

张　苗

2025 年 1 月

目 录

Contents

第一章

绪　论

第一节　研究背景

温室气体（GHG，Greenhouse Gas）是指任何会吸收和释放红外线辐射并存在大气中的气体。对全球升温的贡献百分比来说，二氧化碳（CO_2）由于含量较多，所占的比例最大，约占 70%（Houghton，1998），因此温室气体用碳（Carbon）一词作为代表，碳排放即为温室气体排放。政府间气候变化专门委员会（IPCC）第六次报告显示：1850～2019 年的历史累计净 CO_2 排放量为 2400Gt（Gt 为十亿吨），其中 1850～1989 年排放占比约 58%，而 1990～2019 年则占 42%。2019 年，全球人为温室气体净排放量达到 $59GtCO_2$，大气中 CO_2 浓度已攀升至过去 200 万年来的最高水平，约 79% 来自能源、工业、交通、建筑等领域，农业、林业和其他土地利用活动则贡献了剩余的约 22%[①]。

中国自 2002 年加入 WTO 后温室气体排放量快速上升，在 2004 年超过美国，成为全球最大的排放国，也正是从那时开始，中国在气候变化问题上开始面临较大国际压力，关于碳排放问题在国际上开始发声并

[①]　政府间气候变化专门委员会 IPCC 第六次评估报告第一工作组报告．气候变化 2021：自然科学基础［R］．英国剑桥：剑桥大学出版社，2021．

积极参与全球治理。在 2009 年哥本哈根气候变化会议上，我国首次在国际上作出承诺：在 2020 年实现非化石能源占比 15%，到 2020 年单位国内生产总值 CO_2 排放比 2005 年下降 40% ~ 45%。[①] 2015 年 12 月 12 日，全球 195 个国家通过了历史上首个关于气候变化的全球性协定《巴黎协定》，主要碳排放大国都提出了自主减排承诺，但由于该承诺加在一起产生的结果，与 1.5 ~ 2.0℃的目标相比还有非常大的鸿沟，所以提出 2020 年主要排放国要重新盘点自主承诺[②]。2020 年 9 月，我国在第七十五届联合国大会一般性辩论上正式提出"碳达峰碳中和"目标：中国将提高国家自主贡献力度，采取更加有力的政策和措施，二氧化碳排放力争于 2030 年前达到峰值，努力争取 2060 年前实现碳中和。自提出"双碳"目标以来，中国政府实施积极应对气候变化国家战略，落实国家自主贡献目标，对应对气候变化提出新的部署和要求。"十四五"规划中提出到 2025 年中国单位国内生产总值能源消耗、CO_2 排放分别降低 13.5%、18% 的目标[③]。2023 年，《中共中央、国务院关于全面推进美丽中国建设的意见》提出有计划分步骤实施碳达峰行动，建设更加有效、更有活力、更具国际影响力的碳市场，大力提升适应气候变化能力，深化气候适应型城市建设。2024 年 11 月，生态环境部副部长赵英民在《联合国气候变化框架公约》第 29 次缔约方大会（COP29）闭幕全体会议上表示，中国作为负责任的发展中大国，无论国际形势如何变幻，将始终坚定与各方一道推动气候变化多边进程和国际合作，为全球绿色低碳、气候韧性和可持续发展作出贡献。[④]

土地利用碳排放作为碳排放的重要组成部分，中国应对气候变化的

---

① 人民网—国际频道，应对全球气候变化中国作出哪些承诺？［EB/OL］.［2015 - 12 - 01］. http：//m. cnr. cn/news/20151201/t20151201_520656456. html.

② Hilton I，Kerr O. The Paris Agreement：China's "New Normal" role in international climate negotiations［J］. Climate Policy，2017，17（1）：48 - 58.

③ 中华人民共和国国民经济和社会发展第十四个五年规划和 2035 年远景目标纲要［N］. 人民日报，2021 - 03 - 13（001）.

④ 新华社. 巴库气候大会闭幕达成"巴库气候团结契约"［EB/OL］.［2024 - 11 - 25］. http：//www. cma. gov. cn/2011xwzx/2011xmtjj/202411/t20241125_6707510. html.

政策和行动年度报告指出：控制非能源活动温室气体排放和增加碳汇以减缓气候变化。党的十九大报告明确要求，统一行使所有国土空间用途管制和生态保护修复职责，党的二十大报告提出：优化高质量发展的区域经济布局和国土空间体系。大量研究表明，采用土地调控和管制政策能够有力地促进低碳经济发展和生态文明建设。因土地利用引发的碳排放机制和规律还在探索之中，特别是土地利用与社会经济因素结合而引发的碳排放效应。因此，本书聚焦于探索经济社会系统下的土地利用碳排放效应传导机制、收敛路径及调控对策研究，并从方法和视角上进行了创新深化研究。

第二节　研究目的与意义

为进一步加深社会经济系统中的土地利用碳排放过程和机制研究，据此精心安排土地调控对策，本书拟从宏观、中观、微观等多个层面，从区域到全国等多个空间单元讨论土地利用对碳排放影响的中间机制和作用路径。具体研究目标包括：（1）梳理土地利用碳排放机理分析框架，界定土地利用直接碳排放效应和间接碳排放效应；构建土地利用碳排放效应传导机制的结构方程模型，解构土地利用对碳排放作用的中间机制和路径；（2）分别讨论土地出让市场化和土地集约利用的碳排放效应，明确两者对碳排放的作用机制和传导路径；（3）厘清不同空间层面碳排放约束下土地利用碳排放效率的空间分布特征及其形成机制；（4）将土地利用置于更加宏观视角讨论撤县设区、城市扩张与碳排放的关系；（5）设计多元化差别化的土地调控减排对策体系。

本书的主要科学意义在于尝试厘清经济社会系统层面土地利用对碳排放产生影响的机制和路径，为实现"碳达峰碳中和"提供土地利用视角的非技术性减碳方案，同时为高质量发展和生态文明建设背景下的土地可持续利用提供科学依据。从理论意义和实践意义来看：

（1）其理论意义在于，科学构建土地利用对碳排放影响的作用机制和传导路径理论模型，全面厘清土地利用碳排放效应的传导机制，加深经济社会系统中土地利用碳排放效应机制和规律研究，拓宽了土地利用碳排放研究面，丰富了土地低碳利用和可持续利用管理理论，丰富了碳排放理论。

（2）其现实意义在于，明确土地利用碳排放效应传导机制，干预该路径传导，实现土地利用碳减排的精准调控；明晰土地利用碳排放效应收敛路径，为合理配置土地资源和区域间效率协同提升提供参考依据；将土地利用和碳排放置于城市的经济社会系统中，对于土地调控碳减排政策的全面推进具有实践指导意义。

第三节　研究内容与关键科学问题

本书包括十个章节。第一章为绪论，涵盖研究背景、研究目的、研究意义、研究内容及拟解决的关键科学问题。第二章国内外研究现状及发展动态分析，介绍国内外土地利用碳排放研究现状及发展动态，从土地利用碳排放机理、土地利用碳排放测算、土地利用碳排放效应和土地利用调控碳减排方面梳理研究脉络。

第三章土地利用与碳排放，探讨土地利用对碳排放影响的作用机制和传导路径，为制定土地调控碳减排政策体系提供科学依据，服务于碳中和目标。采用理论框架构建与结构方程模型相结合的方法，发现农地非农化、土地出让市场化和土地开发强度是作为土地利用对碳排放影响的有效观测变量。在中国省际层面，土地利用对碳排放影响的总效应、直接效应和间接效应均表现为促进作用，且间接效应明显大于直接效应。土地利用通过城市化、产业结构和经济增长三条路径间接影响碳排放，其中城市化和经济增长促进碳排放，而产业结构抑制碳排放。

第四章土地出让市场化的碳排放效应，从产业结构中介视角探究土地出让市场化的碳排放效应，为实现土地资源的经济效益和环境效益耦合协同提供理论依据，补充并完善碳减排实现路径。运用双重固定效应模型及并行多重中介效应模型，发现土地出让市场化对碳排放存在显著且稳健的抑制效应，该效应主要通过促进产业结构合理化发展、抑制产业结构高级化份额失衡、推动产业结构高质量化提升来实现，其中土地出让市场化对产业结构合理化的提升作用最大，产业结构高级化对碳排放的抑制效果更为显著。碳排放存在显著的惯性效应，土地出让市场化对产业结构调整和碳减排的作用效果存在动态性和延续性。

第五章土地集约利用的碳排放效应，从空间和多重中介效应视角探讨土地集约利用的碳排放效应，进一步补充土地利用对碳排放影响的中间机制研究，为土地资源可持续利用提供科学依据。采用空间杜宾模型和中介效应模型等计量分析技术，发现土地集约利用与碳排放之间存在倒"U"形曲线关系，目前中国省级层面土地集约利用水平仍处于倒"U"形曲线左侧，提升土地集约利用水平会促进碳排放增加。土地集约利用通过城市化和产业结构升级两条路径间接影响碳排放，两者与土地集约利用均呈倒"U"形关系，但对碳排放分别起促进和抑制作用。碳排放的空间溢出效应表现为抑制毗邻空间单元碳排放，土地集约利用的空间溢出效应表现为通过影响毗邻空间单元的城市化和产业结构升级而影响碳排放的间接效应。

第六章土地利用碳排放效率的空间关联网络，讨论中国省域土地利用碳排放效率的空间关联网络演变特征与形成机制，为我国省域层面土地利用碳排放效率的协同提升提供参考依据。采用非参数 SBM 效率测算法和社会网络分析法，发现中国省域土地利用碳排放效率呈波浪式下降，呈现"东高西低"的空间分布特征。样本期内形成了以京、沪、苏、浙为核心点的复杂但相对稳定的空间关联网络结构，东部发达省份优势明显，省域等级结构强化，净受益板块、经纪人板块、双向溢出板块和净溢出板块成员分布各异。空间关联网络的形成受地理邻近、经济发展、土地利用强度、土地利用结构和城市化等因素差异综合影响，资源禀赋差异、市场机制调节、政府宏观调控和信息技术进步为主要驱动机制。

第七章城市建设用地碳排放效率的空间关联网络，聚焦城市建设用地碳排放效率的空间关联网络特征及其影响因素，以山东省设区市为研究样本，与第六章共同为合理配置土地资源和效率协同提升提供参考依据。采用 SBM 模型、引力矩阵模型与社会网络分析法等方法，发现山东省建设用地碳排放效率逐年提升，空间上由西向东逐渐优化。山东省建设用地碳排放效率空间网络密度较低，等级结构扁平化，但稳定性逐渐增强。东营、济南、青岛等城市资源吸引力强，而滨州、聊城、德州等城市处于边缘位置，缺乏效率受益和溢出渠道。板块间联系紧密，互动趋势明显，呈现出受益和溢出板块城市成员少而经纪板块城市成员多的非均衡特征。

第八章撤县设区与城市扩张，评价撤县设区对城市扩张的影响，为建立政策、城市发展和碳排放之间的关联提供证据，也为城市规划者控制无序的城市扩张、实现城市的可持续发展提供参考。采用空间差分和中介效应模型，发现实施撤县设区政策的城市，其城市扩张速度比未实施撤县设区政策的城市更快。撤县设区政策显著加速了城市扩张，且该政策通过提高非农产业比重、增加农村转移人口、完善基础设施建设、扩大固定资产投资等方式来促进城市扩张，而通过增加政府干预和扩大市场规模来抑制城市扩张。

第九章城市扩张与碳排放，从理论和实证两方面探究城市扩张对碳排放的影响，与第八章共同将撤县设区、城市扩张和碳排放放在同一框架下研究，增加土地利用碳排放效应的宏观研究视角。研究利用空间杜宾模型和中介效应模型，发现城市扩张与碳排放展现出显著的空间异质性、自相关性和溢出性特征。城市扩张从全国多点分布转向局部区域分布，而碳排放则保持稳定的空间格局。城市扩张对本地碳排放产生"U"形直接影响，对周边城市则呈现倒"U"形空间溢出影响，产业结构升级和产业集聚是城市扩张与碳排放关系的关键中介机制。

第十章结语与未来展望，总结归纳本书关于经济社会系统下土地利用碳排放效应的研究成果和现实意义，指出未来研究方向。

本书以经济社会系统范畴下的"土地利用碳排放效应"为研究主题，以获得精准可靠的土地利用调控碳减排对策为研究目的。在微观层面上，探讨了"土地利用对碳排放产生影响的机制和传导路径是什么"的科学问题；在中观层面上，探讨了"碳排放约束下土地利用效率及区域间效率协同提升的路径是什么"的科学问题；在宏观层面上，探讨了"土地利用政策—城市发展—碳排放联合系统的作用效应"的科学问题。上述科学问题的解答，对于从经济社会系统视角理解土地利用的碳排放效应十分关键。

第二章

国内外研究现状及发展动态分析

因化石燃料燃烧所释放的温室气体直观认知性远高于土地利用变化，所以学者们多专注于拉动化石燃料消费的经济增长、人口规模、技术水平、城市化及能源消耗等因素的碳排放效应研究。近年来，随着土地利用变化所导致的碳排放成为研究热点，关于土地利用的碳排放机理与核算、土地利用碳排放效应以及土地调控碳减排的国内外研究逐渐增多，具体总结如下。

第一节 土地利用碳排放机理

土地利用与土地覆盖变化（Land Use and Land – Cover Change，LUCC）对陆地碳循环的影响成为陆地碳循环模拟主要解决的关键问题之一（耿元波等，2000）。LUCC 是构建人类活动和环境变化之间的中心环节，是人地关系的集中体现。IPCC（2006）将土地利用对碳排放的影响划分为两类，一类为土地利用各类型转变，另一类为土地利用各类型保持。以人类活动为主导因素所导致的土地利用与土地覆盖变化通过地球生物物理化学大循环过程影响着全球的气候变化（王晗，2008）。土地利用的高强度化、多样化及技术先进化已经使生物地球化学循环（碳循环属于其中）、水文过程和景观动态发生显著变化（Melillo et al.,

2003）。土地利用属于人类主观控制范畴，而土地利用诱导土地覆盖变化，其中图2-1展示了土地利用自然和社会状态相互作用导致的连续性状态。

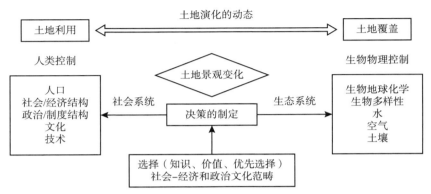

图2-1 土地利用自然和社会状态相互作用导致的连续性状态

资料来源：笔者根据2005年全球土地计划（GLP）的科学计划与实施战略概要整理。

目前，关于土地利用碳排放机理的相关研究较为丰富，国内外学者观点基本一致。其中，国外学者以坎贝尔和霍顿（Campbell，2000；Houghton，2002）为代表。坎贝尔（2000）认为土地利用引起的地表变化是影响陆地和大气之间净通量的重要因素之一，其中土地利用活动包括森林采伐、农田管理、退耕还林等，多关注耕地和林地变化的碳排放机理；霍顿（2002）则进一步地从微观角度阐述了土地利用变化造成陆地碳汇的机理：一是土地之上的植被和土地之下的土壤的生理代谢机理的存在，如大气CO_2浓度升高、N沉降、气候变化和有效营养增加，人类活动对以上生理代谢机理也会产生间接影响；二是干扰和恢复机理，其中土地利用变化和管理具有直接影响作用。赖力（2010）则综合国内外研究进展将土地利用碳排放机理总结为三类：一是自然干扰机制；二是土地利用/覆被类型转变机制；三是土地管理方式转变。

根据土地利用碳排放机理，土地利用碳排放可分为自然状态下的碳排放和人类社会干预状态下的碳排放。其中，自然状态下的碳排放可归结为植被和土壤的物理化学生物特性改变导致的碳排放,人类社会干预状态下的碳排放分为直接碳排放和间接碳排放。曲福田等(2011)将直接碳排放定义为土地利用类型保持不变但因生态系统内部发生变化而引致的碳排放,以及土地利用类型发生变化同时导致生态系统发生变化而引致的碳排放,以上两种直接碳排放与自然状态下的碳排放联系紧密;同时定义间接碳排放为不同土地利用类型土地上所产生的各种人为源碳排放之和,如发生在建设用地上的能源消耗和交通运输碳排放等,与社会经济政治因素有密切联系。韩骥等(2016)进一步将直接碳排放定义为土地利用类型转换(主要指导致生态系统类型更替的土地利用变化,如采伐森林、围湖造田、建设用地扩张等)带来的排放以及土地利用类型保持(侧重于土地管理方式的转变,如农田耕作、湿地旱化、种植制度改变等)带来的排放;间接碳排放则定义为土地利用类型上所承载的人类活动排放,包括聚居区的能源消费碳排放、工矿用地承载的工业过程碳排放以及交通用地上的交通工具尾气排放等,是不同类型土地上碳排放的空间强度和分布效果。赖力(2010)认为间接碳排放是源于土地利用调整而带来的碳排放。随着研究进展,城市扩张和农用地内部转化成为土地利用类型变化的主要代表,易丹等(2022)认为土地利用碳排放间接效应主要是受工业化和城市化驱动,通过影响人类社会经济活动的方式和强度以影响区域碳排放。

综上,本书将土地利用与土地利用变化导致的碳排放(以下简称土地利用碳排放)分为三类:一是自然状态下植被和土壤的碳循环,假设不存在人类活动的干预,整个自然生态系统可以维持碳循环平衡;二是人类的土地管理经营活动导致第一种碳排放的加快或减慢,如森林采伐、植树造林、水土保持等(本书定义为土地利用直接碳排放);三是人类在土地载体上生产和生活而导致的碳排放,是土地所承载的其他因素碳排放(本书定义为土地利用间接碳排放)。本书主要围绕第二类和第三类土地利用碳排放展开。IPCC(2013)用于温室气体清单报告的最高一级土地类别是:林地、农田、草地、湿地、定居地(包括所有开发的土地)和其他土地。图2-2总结了上述用地类型之间的土地利用/土地覆被变化引致地碳排放机理图（包括土地所承载的其他因素碳排放）。

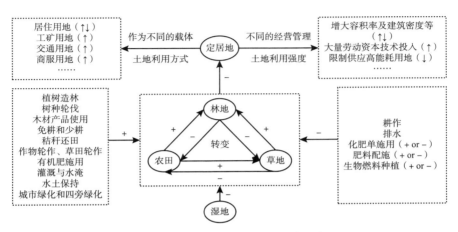

图2－2　土地利用/土地覆被变化碳排放机理

注：其中，"＋"表示有利于陆地生态系统碳蓄积，会减少或抑制碳排放；"－"表示不利于陆地生态系统碳蓄积，会促进碳排放；"↑"表示增加碳排放；"↓"表示减少碳排放。

资料来源：

①赖力. 中国土地利用的碳排放效应研究［D］. 南京：南京大学，2010.

②汪友结. 城市土地低碳利用的外部现状描述、内部静态测度及动态协调控制［D］. 杭州：浙江大学，2011.

③赵荣钦. 城市生态经济系统碳循环及其土地调控机制研究［D］. 南京：南京大学，2011.

第二节　土地利用碳排放测算

关于土地利用碳排放测算，国外研究起步较早，偏重土地利用变化引致的碳排放量或净碳通量测算，但核算结果并不一致，原因一方面是采用的方法、数据和建立的模型不一致，另一方面是土地利用变化引致的碳排放量测算存在不确定性因素，主要包括不确定的毁林率和造林率（Le Quéré et al.，2013），以及土地碳密度变化的不确定性（Houghton et al.，2012；Smith & Rothwell，2013）。例如，阿罗拉和玻尔（Arora &

Boer，2010）建立 8 个气候碳循环耦合仿真模型对 1850 ~ 2000 年的农田和草地变化历史数据进行预测，估计结果表明 1850 ~ 2000 年生物量覆盖变化导致的碳排放是 63 ~ 145PgC，其中土地利用变化导致的碳排放是 40 ~ 77PgC，比霍顿（Houghton，2010）估计的 156PgC 要小；勒凯雷等（Le Quéré et al.，2013）通过全球碳循环科学委员会的方法量化各种碳循环组成部分以及不确定性，其中 2002 ~ 2011 年因土地利用变化引起的碳排放为 $1.0 \pm 0.5\text{PgC yr}^{-1}$，2011 年为 $0.9 \pm 0.5\text{PgC yr}^{-1}$，接近近 10 年的常数；史密斯和罗思韦尔（Smith & Rothwell，2013）采用地区和生态系统的特定参数建立简单的碳循环机理模型估计了陆地土地利用变化净碳排放量，近 300 年估计值为 250GtC（不包括气候碳循环模型）；霍顿和纳西卡斯（Houghton & Nassikas，2017）研究发现 1850 ~ 2015 年，归因于 LUCC 的总净碳通量为 $145 \pm 16\text{PgC}$，约占人为活动碳排放量的 1/3；弗里德林斯坦等（Friedlingstein et al.，2020）发现在过去的 50 年（1970 ~ 2019 年）中，LUCC 碳通量的年平均值从 1.3 ± 0.7 增加到 $1.6 \pm 0.7\text{PgC yr}^{-1}$；王元刚等（Wang et al.，2022）采用薄记模型分析了 1975 ~ 2019 年农田变化引起的碳通量，发现与耕地扩张相关的净潜在碳排放为 $-89.38 \pm 35.34\text{TgC}$，1990 年前耕地扩张对碳排放的贡献率约为 57.25%，1990 年之前，净碳通量为 $-2.04 \pm 0.23\text{TgC yr}^{-1}$，1991 年以来的平均净碳通量为 $-1.88 \pm 0.21\text{TgC yr}^{-1}$，到 2019 年固碳量为 $86.67 \pm 34.09\text{TgC}$，遗留碳量为 $2.72 \pm 1.35\text{TgC}$。①

国内土地利用碳排放测算偏重土地利用综合碳排放的核算。赖力（2010）以中国为研究单位，将陆地生态系统碳收支和不同土地利用类型所承载的所有人为源碳排放进行衔接加总，测算了 1980 ~ 2005 年的土地利用综合碳排放；汪友结（2011）以南京市为研究区域，测算了 1996 ~ 2007 年的居住、商办、工业和交通运输用地在内的不同土地利

---

① C 表示碳（Carbon）；yr^{-1} 表示每年；Tg 表示太克（Teragram），1 太克 $= 10^{12}$ 克 $= 100$ 万吨；Pg 表示拍克（Petagram），1 拍克 $= 10^{15}$ 克 $= 10$ 亿吨；PgCyr^{-1} 表示每年多少拍克碳，即每年多少 10 亿吨碳；PgC 表示拍克碳，即 10 亿吨碳；TgC 表示太克碳，即 100 万吨碳。

用类型碳源和碳汇；卢娜等（2013）通过建立能源消费与土地利用类型之间的对应关系，从土地所承载产业对能源的消耗角度来间接分析我国土地利用碳排放。随着研究进展，利用排放系数法估算国家、省级和城市等不同尺度土地利用碳排放量成为主流方法，对于耕地、林地、草地、园地及未利用地的碳排放估算，学者普遍采用直接碳排放系数法，依据转换系数，将土地利用面积转化为碳排放量，建设用地的碳排放则采用间接估算方法，通过化石能源的使用量转换为碳排放量进行测算（孙贤斌，2012；彭文甫等，2013；孙赫等，2015；苑韶峰和唐奕钰，2019；黄鑫等，2020）。

采用不同的方法和分类系统估算陆地碳循环会出现不同的结果（赖力，2010）。例如，随着科技水平的提高，霍顿（2010）认为近10年土地利用变化率和生物量密度比过去被更好地认知，估计结果变化较多；张镱锂（2004）认为土地利用/覆被分类系统无法为碳循环基础研究做好铺垫；赖力（2010）认为土地作为载体所承载的土地利用间接碳排放不能体现土地利用变化中的植被生物量差异；易丹等（2022）认为土地利用碳排放受到自然生态过程和社会经济活动的共同影响，而自然生态过程的不确定性和社会经济活动的复杂性导致尚未形成统一的土地利用碳排放核算方法。因此，本书拟在上述土地利用碳排放核算研究基础上，采用专门针对中国国情设计的城市温室气体核算工具对能源活动、工业生产过程、农业活动、土地利用变化和林业以及废弃物五大类排放源（世界资源研究所核算范围）进行全面核算，与国际核算接轨，并与土地利用类型对应，计算中国土地利用碳排放量。

第三节　土地利用碳排放效应

土地利用碳排放效应是指受人类社会干预以实现生产、生态或社会功能的土地向大气中释放产生碳的过程、活动和机制（Solomon et al.，2007），总结现有研究可分为三类。

一是关注土地利用的自然碳排放效应。最开始将"土地利用"与"碳排放"联系在一起关注的是非持续土地利用（森林砍伐、开垦土地、改造沼泽等）对碳排放的影响（刘慧等，2002）。按照 IPCC（2006）的分类，将土地利用碳排放分为土地利用类型转变（conversions）和土地利用类型保持（modifications）两类，前者指农地非农化、围湖造田和退耕还林等土地利用类型转变，导致生态系统演替造成的碳排放，后者指农田耕作、森林砍伐和草场退化等土地经营管理方式转变，影响生态系统内部变化所导致的碳排放。学者们主要关注土地利用变化对土壤碳储量和植被碳储量的影响，如郭立斌和吉福德（Guo & Gifford，2002）通过回顾文献的方法从 74 个出版物中分析了土地利用变化对土壤碳存储的影响，认为当一种土地利用变化减少土壤碳储量，相反的变化则会增加土壤碳储量，反之则相反；王渊刚等（2013）研究了玛纳斯河流域近 50 年土地利用/覆被变化对碳储量的影响，发现荒漠转变为草地、裸地开垦为耕地会引起植被和土壤碳储量显著增加，而林地开垦为耕地会引起植被碳储量减少，土壤碳储量增加，总碳储量减少；盖可等（Geico et al.，2024）分析了乔莫罗区（加纳）在森林砍伐和土地利用/土地覆盖变化后主要碳库（分别为地上和地下、土壤和凋落物）的变化，结果显示在研究的土地上因森林砍伐等土地利用/土地覆盖变化造成的总碳储量损失在 35% ~ 85% 之间。而关于土地利用变化对植被碳储量的影响研究更多关注热带地区森林采伐和退化造成的碳排放（Houghton & Grainger，2010），如陈耀亮等（2015）研究了 1975 ~ 2005 年中亚地区土地利用/覆被变化对森林生态系统碳储量的影响，研究表明植树造林具有强碳汇功能，而森林采伐是最主要的碳释放来源。

二是关注土地利用的经济社会碳排放效应。建设用地作为土地利用类型中最大的碳源（赵荣钦，2013），所以初始的研究多围绕建设用地的碳排放效应展开，如李颖等（2008）测算了江苏省 1995 ~ 2004 年建设用地碳排放每年高达 1.09×10^8 吨。随着研究进展，有学者探讨了城市用地扩张、土地集约利用水平、土地利用结构变化、土地利用强度差异与碳排放关系，如艾莉和尼蒂瓦塔纳农（Ali & Nitivattananon，2012）以巴基斯坦为例发现城市用地扩张与碳排放和能源消耗量成正比；张苗等（2015）采用计量分析的方法探讨了土地集约利用水平与碳排放的关系，研究表明两者具有长期均衡关系；游和远等（2010）认为土地利用结构与能源消耗碳排放关联度存在地区差异，王战等（Wang et al.，2016）采用系统分析的方法研究了区域层面土地利用结构变化对碳排放强度的影响，研究表明增加林地对减轻碳排放具有显著影响，而增加耕地和湿地影响并不显著；贝兹等（Beetz et al.，2013）比较了集约利用、粗放利用和自然状态利用三种不同土地利用强度对大西洋泥炭地温室气体排放的影响，结果表明粗放利用草地可以促进自然状态的潜在碳封存。在中国减少碳排放和加强人地关系的双重目标下，土地出让市场化、地方政府土地出让干预、土地城镇化、土地财政与碳排放的关系也成为学者的研究对象，如张文静和许恒周（Zhang & Xu，2017）建立了STIRPAT模型研究了土地城镇化和土地财政对碳排放影响作用和方向；王博等（2020）构建STIRPAT拓展模型，以中国八大经济区为对象，研究了地方政府土地出让干预对区域工业碳排放的影响，并进行对比分析。从已有研究来看，学者们更多关注某项土地利用活动与碳排放的直接关系。

三是关注土地利用的综合碳排放效应。赖力（2010）将土地利用的综合碳排放定义为土地载体上自然源和人为源的碳排放总和，指土地利用类型上所承载的全部碳排放，包括能源、工业过程和产品、人口生活和呼吸、农林土地利用和废弃物等碳排放，是不同用地类型上的综合碳排放的分布效果和空间强度的表现。分析不同土地利用类型的碳排放强度、测算区域的碳足迹等成为研究热点，例如，通过构建碳排放模型、碳足迹及其压力指数模型测算省级或市级的土地利用变化碳排放与碳足迹效应（蓝家程，2012；彭文甫等，2016）。

第四节　土地利用调控碳减排

土地利用的限制与约束成为国际上应对气候变化的减排措施之一。IPCC（2006）的评估报告中列出了"农业、林业和其他土地利用"的结构优化和土地调控（空间优化与管制）的政策约束。目前，关于土地利用碳减排研究，国外学者注重土壤碳封存和REDD措施效果的研究：阿罗拉和玻尔（2010）认为牧草地的土壤碳封存可以降低碳排放；拉尔（Lal，2004）认为碳封存有可能抵消每年化石燃料碳排放量的4亿~12亿吨（5%~15%的全球化石燃料排放），并指出了增加土壤碳池的方法；普费弗等（Pfeife et al.，2013）认为减少发展中国家因毁林与森林退化导致的碳排放、保护与增强森林碳储量以及加强森林可持续管理（REDD+），将成为未来承诺国际社会关于林业减缓气候变化最重要的手段之一；沙桑等（Shasang et al.，2022）研究了土地利用方式的改变对喜马拉雅生态系统土壤碳动态的影响，得出天然林向农业用地的转换会增加碳损失，因此要避免此种土地利用类型转换；徐悦等（Yue et al.，2024）认为进行人工干预，如通过植树造林、减少臭氧和去除凋落物可以加强中国陆地碳汇的潜力。国内学者则多基于理论层面提出土地利用综合碳减排对策：董祚继（2010）基于国土规划视角从国土开发强度、国土利用结构、国土空间组织和国土整治等方面提出了土地利用碳减排对策；黄贤金（2013）从农地和建设用地减排，土地碳减排生态补偿和用地结构优化等方面提出了土地利用碳减排对策；钟顺昌等（2023）从城市建设用地空间配置方面提出了土地利用碳减排对策。近几年的研究一方面聚焦于通过提高土地利用碳排放效率来减缓碳排放（游和远和吴次芳，2014；余光英和员开奇，2015；张苗等，2016；冯薇等，2023）；另一方面则是通过设置不同的发展情景，来发现不同情景下的最优方案（田多松等，2016；吴萌等，2017；杨皓然和吴群，2021；李光亮等，2023）。随着研究进展，国内外学者开始关注通过优化工业用地配置来促进碳减排，如束慧和熊萍萍（Shu & Xiong，2019）研究发现，城市工业用地重新配置和规划能推动城市产业结构优化，这也将对减少区域工业碳排放、优化区域工业碳排放空间格局产生显著影响；贾丽等（Jia et al.，2023）认为工业用地市场化配置可以推动碳减排。不论是国外的实践研究还是国内的理论分析，采用土地调控和管制政策来促进土地利用碳减排已经达成共识。

第五节　本章小结

从上述文献来看，研究的基本脉络是：机理—核算—效应—减排措施。国外研究多基于微观的理论研究基础，国内研究多以宏观视角为主。研究主题的内容都体现了学科交叉性强的特点，国外注重物理学、化学和生物学等自然科学知识在研究中的应用，国内注重经济学、管理学、环境科学以及土地利用规划等社会科学理论在研究中的应用；研究空间和时间尺度也不尽相同，国外学者更多地关注林地、草地和农田等自然生态系统的碳排放效应研究，多以热带地区和大尺度历史数据为研究对象和研究基础，国内学者偏向国家、省市级及特殊区域的社会经济系统的碳排放效应研究。本书也是重点关注经济社会系统下的碳排放效应研究，综上文献所述，认为关于土地利用碳排放的机理与核算、碳排放效应及减排措施等方面仍存在进一步完善空间，具体表现为：（1）土地利用碳排放机理和核算研究是展开相关研究的理论依据和数据基础，现有研究：一是缺乏土地利用碳排放机理的分类和归纳性总结，影响了土地利用碳排放效应的规律性认知；二是土地利用碳排放核算体系混乱，影响了研究结论的现实指导性。基于此，本书拟重构土地利用碳排放机理分析框架并梳理土地利用碳排放核算体系，作为全面认知土地利用碳排放效应规律的理论依据和数据基础。（2）社会经济系统下的土地利用碳排放过程和机制更加复杂，土地利用对碳排放的影响往往是通过其他因素传达，表现为土地利用的间接碳排放效应，现有关于土地利用碳排放效应的研究较为笼统：一是尚未能够有效区分土地利用的直接碳排放效应和间接碳排放效应；二是缺乏土地利用对碳排放影响的中间机制研究。基于此，本书拟借助结构方程模型梳理土地利用碳排放效应的传导机制，厘清土地利用对碳排放影响的作用机制和传导路径，加深社会经济系统下的土地利用碳排放效应研究。（3）随着经济社会的不断发展，地区间的联系与合作更多地突破了地理距离限制，使土地利用碳排放呈现出强空间关联性，现有研究存在局限性：一是传统的计量经济学视角下的空间溢出效应探究的是地理上"相邻"或"临近"的空间关系，难以把握区域间土地利用碳排放效率的空间关联特征；二是土地利用碳排放效率空间关联特征的形成机制与影响因素的探究尚显匮乏。基于此，本书拟借助社会网络分析法，分析碳排放约束下中国省域层面土地利用碳排放效率与山东省设区市层面的建设用地碳排放效率的空间关联网络特征、形成机制及影响因素，以期为促进区域间土地利用碳排放效率差异的缩减提供坚实的科学支撑。（4）高速城市化进程下，协调经济、社会与生态的可持续发展，规避潜在失衡，是当前亟须深入探究与解决的关键问题，现有研究：一是未充分考虑宏观政策调控下城市扩张对土地利用碳排放的动态影响；二是缺乏城市扩张对土地利用碳排放的中间机制及空间效应研究。基于此，本书拟将撤县设区政策、城市扩张和碳排放置于同一研究框架下研究，借助双重差分模型探究撤县设区对城市扩张的影响，并采用中介效应和空间杜宾模型探究城市扩张对土地利用碳排放的影响机制与空间效应，对土地利用碳排放效应进行创新深化研究。

第 三 章

土地利用与碳排放[*]

本章主要探索了土地利用对碳排放影响的作用机制和传导路径，比较了土地利用对碳排放影响的直接效应和间接效应大小，为政府决策者提供了通过土地调控来促进碳减排的政策启示。

气候变化是人类面临的最严峻挑战之一。工业革命以来，人类活动燃烧化石能源、工业过程以及农林和土地利用变化排放的大量 CO_2 滞留在大气中，是造成气候变化的主要原因（陈迎和巢清尘，2021）。1750～2011 年，因化石燃料燃烧和水泥生产释放到大气中的 CO_2 排放量为 375GtC，因毁林和其他土地利用变化估计已释放了 180GtC（政府间气候变化专门委员会，2014），若要实现《巴黎协定》1.5℃的全球控温目标，需要在 2050 年左右达到碳中和（陈迎和巢清尘，2021）。不论是减少排放源还是增加吸收汇，土地资源都扮演着重要角色（杨皓然和吴群，2021），土地调控碳减排是在基础层面推动碳中和目标实现的重要手段。以控制非能源活动温室气体排放和增加碳汇以减缓气候变化为出发点，构建土地利用对碳排放影响的理论框架，准确表达土地利用对碳排放影响的作用机制和传导路径，能够充分发挥土地科学在中国经济低碳转型和生态文明建设中的作用，为建立土地调控碳减排政策体系提供理论依据，助力"双碳"和控温目标

---

[*] 本章的主干内容以《土地利用对碳排放影响的作用机制和传导路径分析——基于结构方程模型的实证检验》为题，发表在《中国土地科学》2022 年第 3 期。

的实现。

现有关于土地利用和碳排放之间的研究主要包括两大方向：一是自然生态系统层面探讨土地利用对植被碳储量和土壤碳储量的影响（杨皓然和吴群，2021；Campbell et al.，2000；Houghton，2002；Houghton et al.，2012；倪鹏飞等，2019）；二是经济社会系统层面探讨土地利用对广义碳排放的影响（曲福田等，2011；赵荣钦等，2014）。事实上，经济社会系统下的土地利用碳排放过程和机制远比自然生态系统下的复杂，表现在土地利用对碳排放的影响往往通过其他因素传达，而碳排放的影响因素较多且互相之间产生联系。学者们尝试从城市用地扩张（Ali & Nitivattananon，2012；Fu et al.，2017；夏楚瑜等，2018）、城市空间用地布局（Qu et al.，2018）、土地集约利用（张苗等，2015）、土地利用结构变化（Wang et al.，2016）、土地利用强度差异（Beetz et al.，2013）、土地城镇化和土地财政（Zhang & Xu，2017）等视角对土地利用和碳排放的因果关系进行了广泛探讨；也有学者基于系统动力学视角模拟了不同政策方案下土地利用对碳排放的影响（杨皓然和吴群，2021；吴萌等，2017），以及基于空间视角探讨了土地利用与碳排放的时空耦合关系（李建豹等，2019）。

已有研究对土地利用和碳排放之间的关系进行了大量探讨，但仍存在如下不足：一是未能区分自然生态系统和社会经济系统两个层面土地利用对碳排放影响的不同作用机制；二是基于某项土地利用活动与碳排放的直接关系视角，采用一般处理因果关系的模型未将土地利用通过其他因素间接影响碳排放的中间机制考虑在内，影响了研究结论的精确性和信服力。基于此，本节的主要边际贡献在于：借助结构方程模型识别不同系统层面土地利用对碳排放影响的作用机制，刻画土地利用对碳排放影响的中间机制，有效区分土地利用对碳排放影响的直接效应和间接效应，细化社会经济系统下的土地利用碳排放效应研究。

第一节 理论框架构建

土地利用与土地覆盖变化是构建人类活动和环境变化之间的中心环节，是人地关系的集中体现。基于土地利用/土地覆被变化碳排放机理（政府间气候变化专门委员会，2014），结合国内外学者研究（Houghton et al.，2012；曲福田等，2011），可将与土地利用相关的碳排放分为三类：一是自然状态下植被和土壤的碳循环，假设不存在人类活动的干预，整个自然生态系统可以维持碳循环平衡；二是人类的土地管理经营活动导致第一种碳排放的加快或减慢，如森林采伐、植树造林、水土保持等，定义为土地利用直接碳排放效应；三是人类在土地载体上生产和生活而导致的碳排放，是土地所承载的其他因素碳排放，定义为土地利用间接碳排放效应。其中，土地利用对碳排放的直接效应对应于土地利用变化对土壤碳储量和植被碳储量的影响，属于自然生态系统层面，社会经济系统层面的土地利用间接碳排放效应复杂且呈现多样化，主要原因归结为土地利用与社会政治经济因素密切相关（曲福田等，2011；赵荣钦等，2014）。

一国的人均碳排放水平主要受到经济发展阶段、能源资源禀赋、技术因素以及消费模式等社会经济驱动因子的影响，其中经济发展阶段主要体现在城市化水平、产业结构和人均收入上（陈迎和巢清尘，2021）。土地利用方式、规模、结构和强度与城市化、产业结构和人均收入密切相关，因此，土地利用对碳排放的间接影响主要表现在通过影响经济发展阶段的构成因子来影响碳排放，具体表现如下：

（1）加快城市化进程影响碳排放。与城市化相伴随的一个重要土地利用现象是农地非农化，即农用地转为非农用地，农地非农化不仅会造成因土地利用类型转变而减少碳汇形成土地利用直接碳排放效应（许恒周等，2013），也会导致农村大量的劳动力剩余，使得越来越多的农民离乡背井涌入各个城市打工，大大加快我国的城市化进程，城市化过程中大量的人口聚集和产业发展在一定程度上促进了碳排放。

（2）引导产业结构升级影响碳排放。在现有的碳排放影响因素的研究中，国内外大部分学者将产业结构纳入碳排放影响因素的考虑之中，并认为产业结构升级是减少碳排放的有效措施之一（Braenniund et al.，2014）。土地出让政策作为政府宏观调控的一种重要手段，对产业结构的影响在宏观上表现为调节二、三产业用地比例，适度降低第二产业用地比例和增加第三产业用地比例，进而调整二、三产业结构，促进产业结构升级（姜旭等，2019）；微观上对一些处于低级产业链上具有较低利润率且碳排放较高的企业形成门槛效应，同时，客观上会使地价升高，倒逼一部分企业进行技术转型和产业升级，向低能耗、低排放的经济发展方式转变，难以转型的企业则选择迁出本地区，形成挤出效应，最终促进地区的产业结构升级，进而影响碳排放。

（3）促进经济增长影响碳排放。在经济增长过程中，土地不仅仅简单作为经济活动的载体，更是直接和间接作为驱动地方经济增长的工具（石敏俊等，2017）。根据土地报酬递增递减规律，在达到报酬最高点之前，单位面积土地上投入的资本和劳动力越多，获得经济产出越高，也即土地利用开发强度越大，对经济增长贡献越高。我国还处于经济发展的存量积累阶段，经济增长对碳排放的影响主要体现在生产投资和基础设施投入带动的资本存量累积的碳排放（陈迎和巢清尘，2021）。在我国当前发展阶段，高经济增长伴随着高碳排放（邵帅等，2019）。

综上分析，本节认为土地利用对碳排放的影响分为直接效应和间接效应，直接效应为土地利用变化在自然生态系统中引起的土壤和植被碳储量的增减，实际表现为碳汇用地的减少，促进了土地利用直接碳排放；间接效应为土地利用在社会经济系统中通过影响城市化、产业结构和经济增长等碳排放的影响因素而对碳排放发生作用，实际表现为碳源用地的增加，促进了土地利用间接碳排放。土地利用对碳排放影响的理论框架分析见图 3-1。

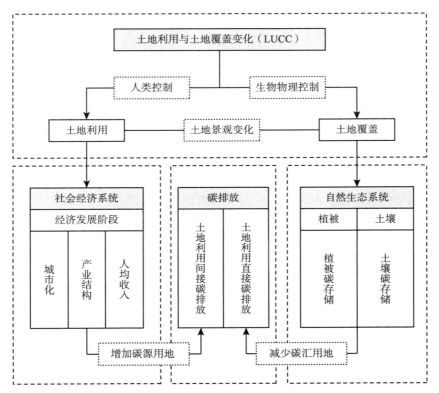

图3-1　土地利用对碳排放影响的理论框架分析

第二节　研究方法与变量选取

结构方程模型是基于传统分析技术来处理多因素因果关系的一种定量研究方法，其中的因子分析引入了潜变量的思想，路径分析则实现了在模型中可同时引入多个因变量，能够解决在经济、管理等研究中传统的方法不能很好解决多个原因、多个结果的关系或不可直接观测的潜变量等问题（倪鹏飞等，2019），故采用结构方程模型分析土地利用碳排放效应的传导机制。

土地利用是一个不可直接观测到的复杂的"潜变量"，根据前文理论分析和土地利用/土地覆被变化排放机理，对于土地利用的观测变量，选择"农地非农化""土地出让市场化""土地开发强度"三个量化指标，遵循土地利用类型转变—非农用地进入市场—如何进行开发利用的层层递进逻辑，包含土地利用覆被变化的直接碳排放效应和土地管理方式改变的间接碳排放效应，保证构建土地利用碳排放效应传导机制结构方程模型的全面性和科学性。划拨和出让是建设用地供应的主要方式，划拨更多地体现土地的社会效应，对碳排放造成的影响本节归为农转非过程中土地利用对碳排放的直接影响，土地出让具有政府干预和市场机制调节的双重性，可以主观性地平衡调节土地利用的经济效应、社会效应和环境效应，对碳排放的影响本节归为非农用地进入市场对碳排放造成的影响。农地非农化采用农用地转用面积量化，土地出让市场化借鉴姜旭等（2019）的做法，采用国有建设用地招拍挂出让面积与总出让面积的比值，土地开发强度采用单位建成区面积固定资产投资额。

对于碳排放，观测变量选取碳排放强度。其中，碳排放采用城市温室气体核算工具进行核算（工具核算方法详见：https://ghgproto-col.org/calculation – tools.），核算范围包括城市中的能源活动、工业生产过程、农业活动、土地利用变化和林业，以及废弃物处理所引起的温室气体排放，总排量为净排放量，是一个省份碳源和碳汇的加总。

对于碳排放影响因素，借鉴阿勒等（Aller et al.，2021）综合的近期大量关于 CO_2 排放决定因素文献的研究结果，选择经济增长、城市化、产业结构、能源强度、技术进步和人口规模等作为本节碳排放的影响因素。理由如下：其中，经济增长、城市化和产业结构对碳排放的影响在理论框架构建中已经叙述，不再重复；较高的能源强度意味着较低的能源利用效率，对碳排放产生促增作用；科技是第一生产力，技术进步能够有效带动节能减排技术的提高达到减少碳排放的效果；人类活动是导致气候变暖的最根本原因，更多的人口意味着更多的碳排放。上述所有指标含义见表 3-1。

基于数据的可得性和口径一致性，本节采用数据序列为 2004～2018 年共计 15 年的我国 30 个省级行政区（省、直辖市、自治区）的面板数据作为研究样本，其中西藏、香港、澳门和台湾因能源平衡表缺失导致碳排放数据无法测算，故予以剔除。数据来源主要包括《中国统计年鉴》（2005～2019 年）、《中国能源统计年鉴》（2005～2019 年）、《中国国土资源统计年鉴》（2005～2018 年，2020 年）、《中国城市统计年鉴》（2005～2019 年）、《中国城市建设统计年鉴》（2006～2018 年）等。个别指标存在少数年份数据缺失，采用移动平均法补齐缺失值。以货币计量的变量均以 1995 年价格指数为基期，消除价格影响。上述各变量的描述性统计值见表 3－1。

表 3－1　　　　　　　变量说明与指标描述性统计分析

变量名称	量化指标	单位	最大值	最小值	均值	标准差	观测数
碳排放	单位 GDP 排放量	tce/万元	46.63	-2.91	9.21	5.15	450
农地非农化	农用地转用面积	hm²	42257.36	397.51	9717.76	8142.28	450
土地出让市场化	招拍挂出让面积比	%	0.99	0.01	0.72	0.27	450
土地开发强度	地均固定资产投入	亿元/km²	3.17	0.37	1.53	0.56	450
城市化	非农人口占比	%	0.90	0.16	0.38	0.16	450
经济增长	人均 GDP	元/人	27447.61	1957.96	9010.48	4849.47	450
产业结构	二三产业比	%	4.24	0.49	0.97	0.52	450
能源强度	单位非农产出能源消耗量	tce/万元	12.98	1.55	4.34	2.17	450
技术进步	万人拥有专利数	项/万人	49.26	0.13	5.41	8.23	450
人口规模	人口密度	人/km²	3826.50	7.44	435.39	624.99	450

第三节　实证结果分析

一、模型调试与设计

依据理论所建的模型并不一定是正确的，因此需要对设定的模型进行调试，运用 AMOS 21.0 软件，采用极大似然估计的方法，对构建的结构方程模型进行调试和估计。在模型调试过程中，遵循"增减"两个原则："增"，增加各变量之间的相关关系来提高模型的拟合度，选择的原则是 MI 值比较大的路径，如果增加路径卡方值出现明显降低和各拟合指数出现明显上升，表明修正有意义（倪鹏飞等，2019）；"减"，结合经济现实删除路径系数不显著的变量，如果存在多个系数不显著的情况，则先删除最不显著的路径并继续进行回归。变量之间相互影响是既存的学术事实，按照单向影响建立的理论模型在实际运行中并未报错，且模型优化建议没有双箭头提示，因此变量之间按照单向影响处理。同时，考虑到变量方差之间存在的合理共变关系，增列 e_1 与 e_4、e_1 与 e_7、e_1 与 e_9、e_2 与 e_7、e_3 与 e_4、e_3 与 e_6、e_3 与 e_7、e_3 与 e_9、e_5 与 e_8 共 9 组共变关系，有效降低模型的卡方值，且不违背理论假设。得到结构方程模型如图 3－2 所示，其中箭头代表影响方向（未列出变量方差之间的共变关系），结构方程评价指标如表 3－2 所示。

由表 3－2 结构方程评价指标值可知，不论是绝对拟合度还是增值拟合度的统计值都在标准值合理范围之内。同时模型估计结果的渐进残差均方和平方根（RMSEA）为 0.033，小于标准值 0.05，模型规准适配指数（NFI）为 0.991、比较适配指数（CFI）为 0.995，均大于标准值 0.9，表明模型的适配度较好。综上，认为本节建立的结构方程模型估计结果较好。

二、模型结果分析

在确定最终的路径模型后，计算路径系数并分解土地利用对碳排放作用的直接效应和间接效应。表 3－3 为结构方程模型传导路径系数结果，据此测算出土地利用对碳排放影响的直接效应、间接效应和总效应，如表 3－4 所示。

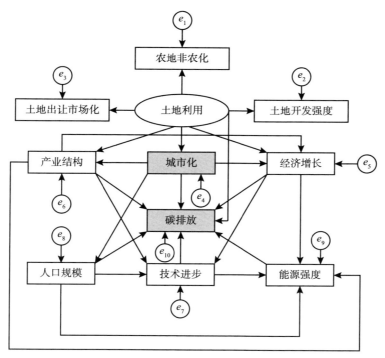

图 3-2　土地利用对碳排放影响的作用机制和传导路径的结构方程模型

表 3-2　　　　　　　　　　结构方程评价指标值

拟合优度指标	绝对拟合优度				增值拟合优度	
	χ^2/df	GFI	AGFI	RMR	NFI	RFI
标准值	<3	>0.8	>0.8	<0.08	>0.8	>0.8
统计值	2.278	0.988	0.946	0.001	0.991	0.966

表 3-3　　　　　　　　　结构方程模型路径系数估计结果

传导路径	标准化系数	显著性	传导路径	标准化系数	显著性
土地利用→农地非农化	0.376	0.000	城市化→产业结构	0.452	0.000
土地利用→土地开发强度	0.683	0.000	城市化→经济增长	0.285	0.000

传导路径	标准化系数	显著性	传导路径	标准化系数	显著性
土地利用→土地出让市场化	0.692	0.000	城市化→人口规模	0.696	0.000
土地利用→城市化	0.294	0.000	产业结构→经济增长	0.802	0.000
土地利用→经济增长	0.125	0.000	产业结构→技术进步	0.291	0.000
土地利用→产业结构	0.220	0.001	产业结构→能源强度	-0.611	0.000
土地利用→碳排放	0.029	0.088	经济增长→技术进步	0.836	0.000
城市化→碳排放	0.165	0.000	经济增长→能源强度	0.77	0.000
经济增长→碳排放	0.141	0.039	人口规模→技术进步	0.158	0.000
产业结构→碳排放	-0.184	0.002	人口规模→能源强度	0.371	0.000
人口规模→碳排放	0.128	0.000	技术进步→能源强度	-0.357	0.000
能源强度→碳排放	0.867	0.000			
技术进步→碳排放	-0.103	0.000			

表 3-4   土地利用对碳排放影响的传导路径和影响效果分解

传导路径	直接效应	间接效应	总效应
土地利用→碳排放	0.029		
土地利用→城市化→碳排放		0.049	
土地利用→城市化→其他因素→碳排放		0.124	
土地利用→产业结构→碳排放		-0.040	0.159
土地利用→产业结构→其他因素→碳排放		-0.061	
土地利用→经济增长→碳排放		0.018	
土地利用→经济增长→其他因素→碳排放		0.040	
小计	0.029	0.130	

从土地利用的观测变量标准化系数显著性来看，农地非农化、土地开发强度和土地出让市场化都是土地利用对碳排放产生影响的有效方式；从标准化系数大小来看，土地开发强度和土地出让市场化相较于农地非农化具有更强的土地利用碳排放效应。从碳排放影响因素的标准化

系数显著性来看，城市化、经济增长、人口规模和能源强度等对碳排放均具有显著的促进作用，而产业结构和技术进步对碳排放具有显著的抑制作用，土地利用在10%水平显著，经济增长在5%水平显著，其他因素均在1%水平显著，意味着经济的高速增长、城市化进程的加快、较高的能源强度以及不断增长的人口等都会带来更多的碳排放，而产业结构优化调整和技术进步则会起到减少和抑制碳排放的效果，与前文理论分析和已有研究结论相一致（Aller et al.，2021）。

从直接效应来看，土地利用对碳排放直接效应标准化系数0.029，表明土地利用水平提升1个标准单位，将直接促进碳排放增加0.029个标准单位。从间接效应来看，土地利用对碳排放总的间接效应为0.130个标准单位，表现为促进作用。总体来看，一是土地利用的直接碳排放效应和间接碳排放效应均表现为正向作用，总效应为两者之和，量化为土地利用水平提升1个单位，将促进碳排放0.159个标准单位；二是土地利用间接碳排放效应是直接碳排放效应的4.5倍效果，意味着土地利用对碳排放的影响更多地表现为间接效应。

间接效应主要分为三条路径，路径一：土地利用通过城市化间接作用于碳排放，促进碳排放的间接效应为0.173个标准单位。包括土地利用→城市化→碳排放（效应值：0.049）和土地利用→城市化→其他因素→碳排放（效应值：0.124）两种路径，其中其他因素包括产业结构、经济增长、人口规模、技术进步、能源强度等。路径二：土地利用通过产业结构间接作用于碳排放，抑制碳排放的间接效应为0.101个标准单位。包括土地利用→产业结构→碳排放（效应值：-0.040）和土地利用→产业结构→其他因素→碳排放（效应值：-0.061）两种路径，其中其他因素包括经济增长、技术进步、能源强度等。路径三：土地利用通过经济增长间接作用于碳排放，促进碳排放的间接效应为0.058个标准单位。包括土地利用→经济增长→碳排放（效应值：0.018）和土地利用→经济增长→其他因素→碳排放（效应值：0.040）两种路径，其中其他因素包括技术进步、能源强度等。

从整体上来看，（1）从作用方向上，土地利用通过城市化、经济增长对碳排放的间接效应表现为促进作用，通过产业结构对碳排放的间接效应则表现为抑制作用；（2）从作用大小上，土地利用通过城市化对碳排放影响作用最大，经济增长作用最小；（3）每条路径都包括土地利用通过城市化、产业结构和经济增长直接影响碳排放和通过城市化、产业结构和经济增长再到其他碳排放影响因素间接影响碳排放两条主要传导路径，且后者的影响效应明显大于前者，一方面证实了本节选取的碳排放影响因素的准确性和稳健性，另一方面说明土地利用能够影响碳排放主要借助于城市化、经济增长、产业结构、能源强度、技术进步和人口规模等因素对碳排放具有显著作用以及他们之间的相互影响关系。

第四节 本 章 小 结

准确解读土地利用对碳排放影响的作用机制和传导路径，有助于为土地调控碳减排方案制订提供科学依据。本章采用 2004～2018 年共计 15 年 30 个省级行政区的面板数据，遵循"土地利用类型转变—非农用地进入市场—如何进行开发利用"层层递进的逻辑，选取农地非农化、土地出让市场化、土地开发强度作为土地利用的观测变量，将土地利用、碳排放影响因素和碳排放置于结构方程模型中，刻画土地利用对碳排放影响的作用机制和传导路径，并有效区分土地利用对碳排放的直接影响和间接影响，得出研究结论如下：

（1）农地非农化、土地出让市场化和土地开发强度是作为土地利用对碳排放影响的有效观测变量，土地利用对碳排放影响的总效应表现为正向促进作用，量化为土地利用水平提升 1 个单位，将促进碳排放增加 0.159 个标准单位。

（2）土地利用对碳排放的直接效应为 0.029 个标准单位，间接效应为 0.130 个标准单位，土地利用间接碳排放效应是直接碳排放效应的 4.5 倍效果，表明土地利用对碳排放的影响更多地表现为间接效应。

（3）土地利用通过城市化、产业结构和经济增长三条路径对碳排放产生间接影响，其中，通过城市化和经济增长对碳排放表现为间接促进效应，影响大小分别为 0.173 个和 0.058 个标准单位，通过产业结构对碳排放表现为间接抑制效应，影响大小为 0.101 个标准单位。

上述研究结论有效厘清了土地利用对碳排放影响的作用机制和传导路径，比较了土地利用对碳排放影响的直接效应和间接效应大小，为政府决策者提供了通过土地调控来促进碳减排的政策启示，具体如下。

首先，从促增碳排放层面，土地利用对碳排放影响的总效应表现为促进作用，因此，减少土地利用对碳排放的促进作用为政策发力点。在减少土地利用直接促增碳排放效应上，可采取通过国土空间优化增加生态系统碳汇能力、加快推进生态保护红线划定和自然保护地整合优化等工作减少土地利用对土壤和植被碳储量的影响；在减少土地利用间接促增碳排放效应上，采取用地准入、土地规划、供地计划、土地税收等调控手段，对土地利用方式、规模、强度、结构进行调控，以此减少农地非农化和土地开发强度通过城市化和经济增长两大因素对碳排放的间接影响。

其次，从抑制碳排放层面，土地利用对碳排放的影响更多地表现为间接效应，而土地利用引导产业结构调整对碳排放表现为抑制效应，且土地出让市场化是土地利用观测变量中作用效果最大的指标，因此，提高土地出让市场化程度，引导产业结构调整，推动产业结构升级，将有效服务于土地要素市场化改革和"双碳"目标，带来土地利用的正向连锁反应。

最后，土地调控碳减排是在基础层面推动碳中和目标实现的自然资源管理有效应对策略，而碳中和是一项系统的工程，只有市场经济措施（碳税、碳交易）、能源结构调整和产业结构升级以及技术层面（碳捕获与碳封存技术，CCS）等手段多管齐下，才能实现控制全球气候变化的人类命运共同体大计。

第四章

土地出让市场化的碳排放效应[*]

　　本章基于产业结构合理化与高级化视角梳理了土地出让市场化对碳排放影响的理论框架，构建了双重固定效应模型和并行多重中介效应模型，采用 2003~2019 年中国省际面板数据，检验了土地出让市场化的碳排放效应。准确解读了土地出让市场化政策的动态性和延续性对长期碳减排的影响效果及传导机制，能够为实现土地资源的经济效益和环境效益耦合协同提供理论依据，补充并完善碳减排实现路径。

　　人类活动引发气候变暖从而导致极端天气频发等一系列连锁反应，造成了诸多不可逆转的负面影响，这主要归因于化石燃料燃烧和土地利用造成的温室气体排放。为缓解这一全球变暖的局面，必须通过各国通力合作来控制累计碳排放，实现增温幅度限制于 1.5℃ 范围内的目标（政府间气候变化专门委员会，2021）。中国政府在此背景下提出了力争于 2030 年前达到 CO_2 排放峰值，于 2060 年前实现碳中和的目标，致力于保障国家可持续发展的同时推进全球气候合作治理。在碳排放局势严峻与减排目标地方负责制的现实情景下，作为土地供给者兼碳减排责任方的地方政府（王博等，2020），已经重视借助多维度土地政策干预碳排放。据测算，优化土地利用结构能够为达成 2020 年单位 GDP 碳减排 40%~45% 作出 27.6% 的重要贡献（黄贤金和赖力，2021）。随着要

　　* 本章的主干内容以《土地出让市场化的碳排放效应及传导机制——基于产业结构中介视角》为题，发表在《中国人口·资源与环境》2022 年第 6 期。

素市场化改革的深入贯彻实施，土地出让市场化政策通过优化土地资源在不同产业之间的配置对资源依赖度、环境压力等产生影响。

随着中国经济从高速增长阶段转向高质量发展阶段，土地利用所带来的碳排放效应成为学术界关注焦点。学者基于土地利用总体规划（陈晓玲等，2015）、用地供应（陈前利等，2019）、土地出让干预（王博等，2020）、土地利用结构和强度（张苗等，2018）、土地集约或扩张（周璟茹等，2017；张润森等，2012）等多维视角，从土地用途转变和土地经营管理方式改变两大方向探索了土地利用对碳排放的影响（杨庆媛，2010）。其中，土地出让视角下，地方政府通过宽松的土地出让政策招商引资，吸引污染企业和重复产能集聚，产生了大量的能源消耗和污染排放（金刚等，2022；王守坤和王菲，2022），这种"以地谋发展"的模式（刘守英等，2020）在促进经济效益显现的同时伴随着环境效益的损耗。为了抑制地方政府寻租腐败以及扭转土地资源与产业需求错配导致的土地低效粗放利用的局面，中国城市土地供给由行政计划配置转向以供求、竞争和价格机制为核心的市场化出让（杨先明和李波，2018）。在系列政策推行及演进背景下，现有文献对土地出让市场化政策的内涵进行了一致性阐述，认为土地出让市场化是以招标、拍卖或者挂牌的市场配置方式出让国有建设用地使用权的行为（徐升艳等，2018；Jiang & Ling，2021；Fan et al.，2020）。对于土地出让市场化带来的碳排放效应，学者也进行了初步的探索。许恒周等（2013）基于面板数据计量模型研究发现中国土地市场化对碳排放存在显著的反向减缓作用；杨皓然和吴群（2019）基于系统 GMM 动态面板计量模型检验得出土地市场化水平与土地利用碳排放表现出较为显著的负向关系；姜旭等（2019）将土地出让市场化对产业结构的影响归结为门槛效应与挤出效应，并以此为中介进一步研究了对绿色全要素生产率的影响；张苗和吴萌（2022）认为提高土地出让市场化程度，推动产业结构升级，将有效服务于"双碳"目标。上述研究为深入探索二者之间的多层影响效果及传导机制提供了启示，但土地出让市场化对碳排放作用机理复杂、不确定性因素多，二者之间简单的相关关系的理论假设实际上掩盖了更深层次的传导作用机制，难以反映碳排放的多重抑制路径，且难以落实到具体的措施来针对性地管控土地出让市场化的碳排放效应，从而使研究缺乏一定的理论深度与现实意义。

基于此，本章在以下两方面作出探索：一是基于中国 2003～2019 年省际面板数据构建双重固定效应模型及并行多重中介效应模型探讨土地出让市场化、产业结构调整与碳排放三者之间的关系，厘清土地出让市场化对碳排放的直接作用效果以及通过产业结构调整间接影响碳排放的传导机制；二是充分考虑碳排放的惯性效应和土地出让市场化政策效果的动态性和延续性的现实情景，检验土地出让市场化通过产业结构调整影响碳排放的作用机制在长期内是否稳健，识别碳减排路径的着力点，为决策层制定和优化常规性、可行性的土地政策、产业政策以及碳减排政策提供信息支持，避免因政策执行与效果的偏移而引起的施策成本耗散或社会资源无意义的损耗。

第一节　理论机制与研究假设

土地出让市场化的直接碳排放效应主要表现为促进了建设用地的有序扩张，减缓了建设用地所承载的碳排放（许恒周等，2013）。事实上，土地出让市场化的主要政策预期是通过调节二、三产业用地比例来调整产业布局以提高土地要素的市场配置效率（姜旭等，2019；张苗和吴萌，2022），而产业结构升级是减少碳排放的有效措施之一（Brannlund et al. ，2014），因此土地出让市场化的碳排放效应更多地表现为间接效应。基于此，该研究主要通过供需两个维度分析土地出让市场化通过产业结构调整对碳排放的影响效应。

第一，供给端层面。基于公开、公平、公正的市场配置机制，土地出让市场化能够扭转地方政府自利性短视行为所存在的盲目性，有效地避免其在土地出让过程中的恶性竞争及寻租腐败，减少其利用行政管理、行政审批等特权为高污染、高耗能、高排放产业提供用地支持。此种情景下，更多的用地需求方得以参与市场竞争，按照自身经营范围与能力获取合适价格、性质、区位的地块进行建设，从而使得适配企业能够合理配置现有资源进行生产经营，推动要素投入和产出结构的耦合（干春晖等，2011），实现产业结构合理化发展。区域产业聚合质量提高、协调能力增强、关联水平提升能够形成良性互动的规模效应，促使区域能源利用效率、污染控制水平及处理能力增强，且降低了不同产业间在原材料搜寻及运输过程中的能耗，从而有助于降低区域碳排放。

由此提出假设一：土地出让市场化通过资源有效配置促进产业结构合理化，从而抑制碳排放。

第二，需求端层面。由于地方政府偏好供给显示性公共品，因此容易过度追求第三产业比例的增长，从而推高二、三产业"剪刀差"，产业结构呈现"虚高级化"。土地出让市场化机制能够实现以企业需求为导向的用地供应，一方面，企业间的合理合法竞价导致用地成本增加，这笔土地费用对附加值低、污染严重、发展落后的企业形成了价格阻碍，限制了低附加值产业的进入且对现存的难以转型的产业具有挤出效应（姜旭等，2019）；另一方面，基于标准化和规模化生产的第二产业与知识技术密集型的第三产业对于地价上涨的敏感性存在差异，当工业部门无法承担地价上涨所增加的成本与自身收益之间的差距时，只能选择外迁抑或是技术升级，由此导致不同层次产业份额变动。但不同于"虚高实低"产业结构高级化失衡现象，以市场机制为导向的土地出让政策能够根据竞争实力确定用地企业，避免行政干预下用地政策向第三产业过度倾斜。在用地门槛增高造成的产业层次演进过程中，劳动力等生产要素无法即时、整体随工业的外迁而流出，由此释放的富余劳动力及其他要素资源流入服务业等部门（李志翠等，2015），而生产要素从低层次产业向高层次产业的转移标志着产业结构高级化质量的提升。以服务业为主的高级化产业层次对资源的依赖度较小，能够减少能耗和碳排放进而缓解资源约束和环境压力。

由此提出假设二：土地出让市场化虽然会抑制产业结构高级化在数量上的增长，但有助于产业结构高级化质量的提升，从而有利于抑制碳排放。

图4-1反映了土地出让市场化对碳排放影响的作用机制。在现实情景中，由于宏观政策、经济水平、能源结构、市场化改革等因素的长期累积效应，碳排放的当期结果往往受其前期基础水平的影响，容易产生路径依赖（邵帅等，2019），使得碳排放具有惯性效应。另外，土地出让规划审批与实际建设使用之间存在一定的客观时滞，且土地出让市场化作用于产业结构调整也需要一定的时间累积。随着要素市场化改革的深入推进，土地出让市场化机制红利持续释放，良好的政策环境在时间维度上逐步完善并显现出其积极效应，使得土地出让市场化效果具有动态性和延续性，能够通过产业结构调整对碳排放形成长效的抑制机制。

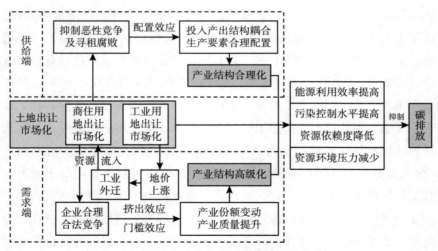

图4-1　土地出让市场化影响碳排放的作用机制

由此提出假设三：碳排放存在惯性效应而土地出让市场化效果存在动态性和延续性，长期土地出让市场化仍能作用于产业结构合理化和高级化进而抑制碳排放。

第二节　模型设定与变量说明

一、计量模型设定

由依据理论分析，土地出让市场化通过作用于产业结构调整影响碳排放，且产业结构调整在传导机制中可以具化为产业结构的合理化以及高级化数量和质量。为检验这一理论机制，借鉴巴伦等（Baron et al.，1986）提出的逐步法，通过构建递归模型来对各假设进行验证。解释变量（X）通过中介变量（M）影响被解释变量（Y）的基准流程如下：

$$Y = cX + e_1 \qquad (4-1)$$

$$M = aX + e_2 \qquad (4-2)$$

$$Y = c'X + bM + e_3 \qquad (4-3)$$

式（4-1）反映了 X 对 Y 的影响，式（4-2）反映了 X 对 M 的影响，式（4-3）反映了纳入 M 后，X 对 Y 的影响效果。若 c' 与 b 均显著且 c' 与 c 相比有所降低，表明 M 在模型中发挥部分中介效应；若 c' 不显著而 b 显著，表明 M 发挥完全中介效应。

在该研究情景下，由于存在三个中介变量，相应的中介模型扩展为并行多重中介模型，其细化了土地出让市场化对碳排放的影响路径，且避免了忽略其他中介变量导致的参数估计偏差。另外，为排除未观测到的个体和时间因素造成的偏误，控制了个体固定效应和时间效应，具体的并行多重中介效应检验模型设定如下：

$$\ln CE_{it} = \alpha_1 + \beta_1 LM_{it} + \eta_1 \sum Controls_{it} + \delta_i + \theta_i + \varepsilon_{it} \qquad (4-4)$$

$$RIS_{it} = \alpha_2 + \beta_2 LM_{it} + \eta_2 \sum Controls_{it} + \delta_i + \theta_i + \varepsilon_{it} \qquad (4-5)$$

$$AIS_{\_nit} = \alpha_3 + \beta_3 LM_{it} + \eta_3 \sum Controls_{it} + \delta_i + \theta_i + \varepsilon_{it} \qquad (4-6)$$

$$AIS_{\_qit} = \alpha_4 + \beta_4 LM_{it} + \eta_4 \sum Controls_{it} + \delta_i + \theta_i + \varepsilon_{it} \qquad (4-7)$$

$$\ln CE_{it} = \alpha_5 + \beta_5 LM_{it} + \beta_6 RIS_{it} + \beta_7 AIS\_n_{it} + \beta_8 AIS\_q_{it}$$
$$+ \eta_5 \sum Controls_{it} + \delta_{it} + \theta_{it} + \varepsilon_{it} \quad\quad (4-8)$$

其中，i 表示省份，t 表示年份，$\ln CE_{it}$ 表示碳排放的对数，LM_{it} 表示土地出让市场化水平，RIS_{it} 反映产业结构合理化，AIS_n_{it} 反映产业结构高级化数量，AIS_q_{it} 反映产业结构高级化质量，$Controls_{it}$ 为系列控制变量。另外，添加了地区固定效应 δ_{it} 来控制个体省份可能影响碳排放的地理特征和区位差异等非时变因素，添加了时间固定效应 θ_{it} 来避免特定年份宏观政策变动等的冲击可能导致的估计偏误。α 为常数项，ε_{it} 为误差项。

式（4-4）为基准模型，其检验了土地出让市场化对碳排放的直接影响程度。式（4-4）~式（4-8）共同构成了并行多重中介效应检验的过程，为使其更加清晰直观，绘制检验流程如图4-2所示。

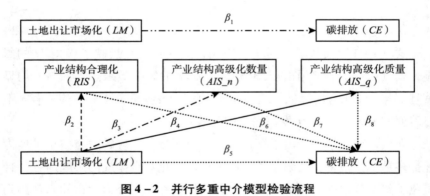

图4-2 并行多重中介模型检验流程

注：—·—▶代表式（4-4）的检验过程，----▶代表式（4-5）的检验过程，—·—▶代表式（4-6）的检验过程，——▶代表式（4-7）的检验过程，·······▶代表式（4-8）的检验过程。

二、变量选取与数据说明

考虑数据的可得性和完整性，采取 2003~2019 年中国 30 个省份（西藏和港澳台地区除外）的面板数据进行计量检验。采用 GDP 指数对所有以货币价值表示的绝对数据调整为以 1978 年为基期的不变价以剔除通货膨胀等因素的影响，所有绝对数值型变量均取自然对数处理，部分缺失数据用插值法补齐，具体变量的选取和数据来源如下文所述。

（1）被解释变量：碳排放（CE）。采用 CO_2 排放量的对数来衡量，数据来源于中国碳核算数据库（https：//www. ceads. net. cn/data/province/by_apparent_accounting）所公布的基于表观核算的省级碳排放清单。参照单宇立等（Shan et al.，2018）的研究，该方法测度的碳排放主要涵盖三种一次能源（原煤、原油和天然气）的表观消费相关 CO_2 排放（CE_{ref-i}）以及水泥生产相关过程的 CO_2 排放（CE_t），具体计算方式如式（4 – 9）所示：

$$CE_{ref-i} = AD_{ref-i} \times EF_i \qquad (4-9)$$

其中，CE_{ref-i} 表示化石燃料 i 的 CO_2 排放量，EF_i 和 AD_{ref-i} 分别为对应化石燃料的排放因子和表观消费量。由于 IPCC 的默认排放因子比中国的调查值高出约 40%，该研究采用更新后的排放因子，即原煤 0.499，原油为 0.838，天然气为 0.590（Liu et al.，2015）。

$$AD_{ref-i} = 本地能源生产量 + 进口量 - 出口量 + 外省(区、市)调入量$$
$$- 本省(区、市)调出量 + 库存变化量 - 非能源使用量$$
$$- 损失量 \qquad (4-10)$$

该式中能源量均取自《中国能源统计年鉴》官方公布的最新能源平衡表。

$$CE_t = AD_t \times EF_t \qquad (4-11)$$

其中，CE_t 为水泥生产过程中的 CO_2 排放，AD_t 为来源于国家统计局的水泥生产数据，EF_t 表示水泥生产的排放因子 0.2906（Liu et al.，2015）。

$$CE = CE_{ref-i} + CE_t \qquad (4-12)$$

（2）核心解释变量：土地出让市场化水平（LM）。现有文献对土地出让市场化水平的测度主要采取比例法和权重法。借鉴姜旭等（2019）的做法，采用国有建设用地招拍挂出让面积与总出让面积的比值来衡量土地出让市场化水平。2003 ~ 2017 年该指标数值由《中国国土资源统计年鉴》（2004～2018）中的原始数据计算所得，由于目前该年鉴尚未更新至2020年版，2018～2019年数据主要来源于中国土地市场网（http：//www.landchina.com）的土地出让信息，在剔除空值、重复记录以及修正异常值后，汇总加权获取分年度省级层面的数据样本。

（3）中介变量：产业结构合理化（RIS）、产业结构高级化数量（AIS_n）和产业结构高级化质量（AIS_q）。产业结构合理化从产业聚合维度体现出产业协调和资源有效利用水平（干春晖等，2011）。基于何好俊等（2017）的思路，在修正干春晖等（2011）方法的基础上，以重新定义后的泰尔指数的倒数反映产业结构合理化正向发展水平（RIS）。具体公式如式（4－13）所示：

$$RIS_{it} = \frac{1}{TL_{it}} = 1 \bigg/ \left[\sum_{m=1}^{3} \frac{Y_{imt}}{Y_{it}} \ln\left(\frac{lp_{imt}}{lp_{it}}\right) \right] (m = 1, 2, 3) \quad (4-13)$$

其中，TL_{it} 为 i 省份第 t 年的泰尔指数，其反映了经济偏离均衡状态的程度，由于发展中国家经济非均衡现象是一种常态，从而 $TL_{it} \neq 0$；m 为三次产业；Y_{it} 为总产值，Y_{imt} 为三大产业相应的增加值；lp_{it} 表示 i 省份第 t 年总的劳动生产率，lp_{imt} 表示 i 省份第 m 产业第 t 年的劳动生产率，计算过程为：

$$lp_{imt} = \frac{Y_{imt}}{L_{imt}} \quad (4-14)$$

其中，L_{imt} 表示三大产业对应的就业人数，其余指标含义同式（4－13）。

产业结构高级化是指产业结构按照经济发展的逻辑序列从低端形态向高级形态过渡的动态过程，其既包含产业比例关系演进的量变，也包含劳动生产率提高的质变。采用第三产业与第二产业增加值之比测度各省份产业结构高级化数量（AIS_n）（何好俊和彭冲，2017），该指标能够反映当前经济结构"服务化"的演变趋势。但这一过度倚重产业份额变动的指标忽略了产业结构高级化的质量内涵，容易导致产业结构的"虚高级化"，而产业结构高级化质量的提升主要反映劳动生产率较高的产业在国民经济体系中占比的增加，即"结构效益"的增强（刘伟等，2018）。借鉴宋丽颖等（2021）的研究，利用三次产业产值占比与各产业劳动生产率的乘积加权值来衡量产业结构高级化的质量（AIS_q），具体公式为：

$$AIS_{\_q_{it}} = \sum_{m=1}^{3} \frac{Y_{imt}}{Y_{it}} \times lp_{imt}^{N} \ (m = 1, 2, 3) \quad (4-15)$$

$$lp_{imt}^{N} = \frac{lp_{imt}}{\bar{lp}_{mt}} \quad (4-16)$$

其中，lp_{imt}^{N} 为 lp_{imt} 的无量纲化处理值，$\bar{lp}_{mt}$ 为所有省份第 m 产业第 t 年劳动生产率的平均值。

（4）控制变量。为尽量降低遗漏变量偏误，选取现有文献（邵帅等，2019；Aller et al.，2021）尚已验证的碳排放主要影响因素作为控制变量，具体变量说明及指标设计见表 4-1。上述变量的描述性统计见表 4-2。

表 4-1 控制变量说明及指标设计

变量	符号	量化指标	单位
经济水平	GDP	人均 GDP	元/人
城市化水平	UR	年末城镇人口比重	比值
对外开放程度	FDI	实际利用外商直接投资/GDP	比值
能源消费结构	ES	煤炭消费占比	比值
人口规模	PS	人口密度	人/km²
技术进步	TP	万人拥有专利数	项/万人
市场化程度	ML	私营企业和个体就业人员占比	比值

注：其中经济水平、人口规模、技术进步在模型检验中取自然对数。

表 4-2 变量的描述性统计

变量	符号	观测值	平均值	标准误	最小值	最大值
区域碳排放	lnCE	510	5.3903	0.8455	2.0222	7.4384
土地出让市场化水平	LM	510	0.7396	0.2576	0.0359	0.9944
产业结构合理化	RIS	510	0.7481	0.8724	0.1140	5.9187

变量	符号	观测值	平均值	标准误	最小值	最大值
产业结构高级化数量	AIS_n	510	1.0310	0.5720	0.4944	5.1692
产业结构高级化的质量	AIS_q	510	1.0197	0.3778	0.4746	2.4670
经济水平	$\ln GDP$	510	9.0000	0.4924	7.5797	10.2200
城市化水平	UR	510	0.5292	0.1438	0.2566	0.8960
对外开放程度	FDI	510	0.0232	0.0188	0.0001	0.1051
能源消费结构	ES	510	0.7254	0.3344	0.0177	1.8411
人口规模	$\ln PS$	510	7.6962	0.6264	5.2257	8.7495
技术进步	$\ln TP$	510	1.0031	1.3790	-2.0412	4.1133
市场化程度	ML	510	0.2728	0.1739	0.0425	0.9793

第三节　实证分析：基本结果

实证分析前，采用方差膨胀因子（VIF）法对基准模型进行了多重共线性诊断，结果显示各变量的 VIF 值均低于 10，不存在严重的多重共线性问题。为保证面板数据的平稳性和回归结果的可靠性，对数据样本进行 LLC 和 Fisher – ADF 单位根检验，两种检验均拒绝存在单位根的原假设，说明模型各变量属于平稳序列。另外，对土地出让市场化影响碳排放的基准模型进行 Hausman 检验，估计值在 10% 的水平上显著，说明固定效应模型适用于该研究。

在土地出让市场化影响碳排放基准模型的实证分析中，采取控制时间和个体双重固定并逐步加入控制变量的方法来保证模型的稳健性，回归结果见表 4 – 3。在逐步加入控制变量的过程中，调整后 R^2 由 0.721 增加至 0.758，模型拟合度逐渐升高，说明增加控制变量对于解释碳排放具有重要的作用。土地出让市场化的系数符号和显著性均未发生明显改变，始终在 1% 的显著性水平上为负，表明土地出让市场化与碳排放之间存在稳健的负相关关系。

表 4-3　基准模型回归结果

lnCE [式 (4-4)]

变量	模型 1	模型 2	模型 3	模型 4	模型 5	模型 6	模型 7	模型 8
LM	-0.358 *** (-3.61)	-0.299 *** (-3.08)	-0.357 *** (-3.73)	-0.338 *** (-3.49)	-0.292 *** (-3.52)	-0.294 *** (-3.55)	-0.291 *** (-3.5)	-0.243 *** (-2.92)
lnGDP		0.348 *** (5.04)	0.082 (0.96)	0.098 (1.12)	0.197 *** (2.64)	0.202 *** (2.7)	0.206 *** (2.74)	0.279 *** (3.6)
UR			2.413 *** (4.96)	2.468 *** (5.06)	1.781 *** (4.23)	1.828 *** (4.34)	1.928 *** (4.23)	1.646 *** (3.59)
FDI				-1.073 (-1.19)	-1.562 ** (-2.02)	-1.718 ** (-2.21)	-1.693 ** (-2.17)	-2.089 *** (-2.68)
ES					0.962 *** (13.04)	0.954 *** (12.92)	0.950 *** (12.8)	0.927 *** (12.57)
lnPS						0.032 (1.53)	0.031 (1.48)	0.026 (1.25)
lnTP							-0.019 (-0.57)	-0.026 (-0.80)
ML								-0.425 *** (-3.33)

变量		lnCE [式 (4-4)]							
		模型 1	模型 2	模型 3	模型 4	模型 5	模型 6	模型 7	模型 8
$Constant$		4.807***	1.790***	3.043***	2.916***	1.642***	1.376**	1.292**	0.900
		(98.18)	(2.98)	(4.77)	(4.51)	(2.93)	(2.34)	(2.14)	(1.47)
个体固定		YES	YES	YES	YES	YES	YES	YES	YES
时间固定		YES	YES	YES	YES	YES	YES	YES	YES
调整后 R^2		0.721	0.735	0.748	0.748	0.748	0.749	0.750	0.758
F		256.64***	268.26***	238.07***	236.9***	262.29***	261.22***	214.35***	213.17***
观测值		510	510	510	510	510	510	510	510

注：**、***分别表示在5%、1%水平上显著；括号内为 t 值。

44

表 4 - 3 模型 8 展示了控制影响碳排放的其他因素后土地出让市场化影响碳排放的估计结果。可以看出，加入控制变量后，土地出让市场化对碳排放的影响系数为 - 0.243，即土地出让市场化水平提高 1 个标准单位，所在省份的碳排放水平降低 0.243 个标准单位，土地出让市场化显著抑制了地区碳排放。

在促进碳排放的控制变量中，经济水平在 1% 的统计水平上对碳排放存在促增效应，说明目前中国尚未达到"环境库兹涅茨曲线"转折点，被动接受经济发展成熟后再遏制和逆转环境问题的"先污染后治理"发展模式对中国并不适用；城市化显著促进了碳排放，意味着大量的人口向城市迁移，城市基础设施建设增加了对钢铁和水泥等资源的整体需求，使得能源消耗也随之增加，从而引发碳循环失衡；能源消费结构显著促进了碳排放，印证了化石能源中的煤炭消耗是碳排放的主要来源；人口增长引发的碳排放效应未达到统计学上的显著性水平，这与现有研究（任晓松等，2020）结论相符。

在抑制碳排放的控制变量中，对外开放程度在 1% 的统计水平上对碳排放影响系数为 - 2.089，说明对外开放对碳排放有抑制作用，外来投资者更倾向于投资高收益率的资本密集型、高新技术型产业中，其统一的环保标准、环境友好型的技术和产品、先进的生产和管理模式能够改进中国的环境福利，在碳减排方面具备优势；技术进步对碳排放产生的抑制作用并不显著，其研发及应用对碳减排的影响效果存在滞后性和不确定性；市场化程度显著抑制了碳排放，市场机制作用下有利于资源合理化配置和能源高效化利用，进而有助于促进碳减排。

第四节　进一步讨论：传导机制

一、中介机制检验

理论分析显示，土地出让市场化能够通过影响产业结构变动对碳排放产生影响,对式(4-4)~式(4-8)共同构成的并行多重中介模型进行回归,结果见表4-4。

表4-4　　　土地出让市场化影响碳排放的中介机制检验结果

变量	式(4-5)	式(4-6)	式(4-7)	式(4-8)
	RIS	*AIS_n*	*AIS_q*	ln*CE*
LM	0.370 *** (2.60)	-0.191 ** (-2.33)	0.088 * (1.77)	-0.217 *** (-2.65)
RIS				-0.070 ** (-2.53)
AIS_n				-0.086 * (-1.90)
AIS_q				-0.298 *** (-3.91)
Constant	3.860 *** (9.30)	11.287 *** (14.19)	-6.098 *** (-16.84)	0.466 (0.54)
控制变量	YES	YES	YES	YES
个体固定	YES	YES	YES	YES
时间固定	YES	YES	YES	YES
调整后 R^2	0.355	0.745	0.535	0.829
F	34.23 ***	90.15 ***	34.38 ***	211.24 ***
观测值	510	510	510	510

注:*、** 和 *** 分别表示在10%、5%和1%水平上显著;括号内为t值。

根据表4-4中式(4-5)~式(4-7)的检验结果,控制其他影响因素的条件下,土地出让市场化显著促进了产业结构合理化发展、抑制了产业结构高级化数量失衡、提升了产业结构高级化质量,且土地出让市场化水平每提高1个单位,分别引起所在省份的产业结构合理化水平提高0.370个单位、产业结构高级化数量降低0.191个单位、产业结构高级化质量提升 0.088 个单位。可见，土地出让市场化对产业结构合理化的影响更大，原因在于市场化出让建设用地的方式允许更多的潜在购买者参与市场竞争，在这种压力下，首先达成土地资源和土地使用者、生产要素和产业部门的双重适配，由此推进产业结构合理化发展。而产业结构合理化是产业结构高级化的前提条件，更高程度的土地出让市场化水平方能引发企业间优胜劣汰的竞争以及产业迭代升级，推动产业整体结构向高级化演变。与此效果不同的是，根据式（4-8）的检验结果，旨在实现产业内部资源有效配置的产业结构合理化调整对碳排放的减缓效果较为局限。而产业结构高级化质量提升使得生产要素在高层次产业集聚，推动落后产能退出以及环境友好型产业发展，降低资源依赖度以及对能耗的需求，且生产要素集聚产生的知识溢出和技术革新能够推动碳减排技术进一步发展，因此对碳减排效果更为显著。

从参数估计值变化来看，式（4-8）估计结果中土地出让市场化及产业结构中介变量对碳排放的影响系数均显著，且纳入中介变量的土地出让市场化每升高 1%，碳排放降低 0.217%，作用效果弱于表 4-3 中模型 8 的估计结果，说明在土地出让市场化抑制碳排放的过程中，产业结构合理化、高级化数量及质量发挥部分中介效应的作用，土地出让市场化通过产业结构合理化和高级化调整促进碳减排形成了良性传导机制，假设一、假设二得以验证。

二、进一步检验

在基准并行多重中介模型检验中，各变量均采用当期值纳入模型进行回归，意味着碳排放会随着土地出让市场化等解释变量的变化而瞬时改变。为检验假设三提出的碳排放惯性效应，并考虑碳排放可能反向影响土地出让市场化、产业结构调整等因素，从而衍生内生性估计偏误，将被解释变量的滞后一期引入式（4-4）和式（4-8）构建动态面板双重固定效应模型，对中介机制进行进一步估计，具体公式如下：

$$\ln CE_{it} = \alpha_6 + \gamma_0 \ln CE_{it-1} + \gamma_1 LM_{it} + \omega_1 \sum Controls_{it} + \delta_i + \theta_i + \varepsilon_{it}$$

$$(4-17)$$

$$\ln CE_{it} = \alpha_7 + \gamma_2 \ln CE_{it-1} + \gamma_3 LM_{it} + \gamma_4 RIS_{it} + \gamma_5 AIS\_n_{it} + \gamma_6 AIS\__{qit}$$

$$+ \omega_2 \sum Controls_{it} + \delta_i + \theta_i + \varepsilon_{it} \qquad (4-18)$$

其中，$\ln CE_{it-1}$ 为滞后一期的碳排放，其他指标解释同前文，模型估计结果见表 4-5 列（1）、列（2）。由于式（4-5）~式（4-7）未涉及碳排放变量，因此其估计结果与表 4-4 基准中介模型回归结果一致。式（4-17）、式（4-18）同表 4-4 式（4-5）~式（4-7）共同构成纳入被解释变量滞后一期的并行多重中介模型检验过程。

表 4-5　　　　　　　　　中介机制的进一步检验结果

变量	被解释变量滞后		解释变量滞后				
	(1) $\ln CE_0$	(2) $\ln CE_3$	(3) $\ln CE_0$	(4) RIS	(5) AIS_n	(6) AIS_q	(7) $\ln CE_3$
$L.\ln CE$	0.399 *** (17.85)	0.387 *** (17.52)					
LM	−0.118 * (−1.83)	−0.106 * (−1.67)					
$L.LM$			−0.218 *** (−2.73)	0.321 ** (2.28)	−0.221 *** (−2.78)	0.085 * (1.73)	−0.194 ** (−2.49)
RIS		−0.045 ** (−2.10)					−0.075 *** (−2.70)
AIS_n		−0.095 *** (−2.69)					−0.087 * (−1.86)
AIS_q		−0.180 *** (−3.00)					−0.317 *** (−4.19)
$Constant$	1.596 *** (3.43)	1.640 ** (2.45)	1.845 *** (2.92)	3.973 *** (8.79)	11.471 *** (12.86)	−6.195 *** (−15.94)	1.313 (1.50)

续表

变量	被解释变量滞后		解释变量滞后				
	(1) $\ln CE_0$	(2) $\ln CE_3$	(3) $\ln CE_0$	(4) RIS	(5) AIS_n	(6) AIS_q	(7) $\ln CE_3$
控制变量	YES	YES	YES	YES	YES	YES	YES
个体固定	YES	YES	YES	YES	YES	YES	YES
时间固定	YES	YES	YES	YES	YES	YES	YES
调整后 R^2	0.892	0.896	0.793	0.341	0.757	0.511	0.806
F	19.79***	21.26***	216.12***	35.03***	95.31***	33.24***	217.62***
观测值	480	480	480	480	480	480	480

注：*、** 和 *** 分别表示在 10%、5% 和 1% 水平上显著；括号内为 t 值；$L.$ 表示该变量滞后一期。（1）、（3）列表示未纳入中介变量情况下解释变量对碳排放（$\ln CE$）的影响。（2）、（7）列表示未纳入中介变量和纳入三个中介变量情境下解释变量对碳排放（$\ln CE$）的影响。

由表 4-5 列（1）估计结果可知，$L. \ln CE$ 的系数在 1% 的水平上显著为正，滞后一期碳排放水平提高 1%，当期碳排放增长 0.399% 左右，表明碳排放存在明显的路径依赖特征。另外，结合表 4-5 列（1）、列（2）及表 4-4 估计结果可知，纳入碳排放的滞后项后，土地出让市场化及产业结构相关系数的符号及显著性没有改变，且产业结构合理化和高级化的中介效应依然存在，与基准中介模型保持一致，反映了研究结果的稳健性。

除此之外，考虑到可能存在反向因果的内生性问题以及土地出让市场化对产业结构调整及碳排放影响的时滞效应，将滞后一期的土地出让市场化水平替换当期土地出让市场化水平作为核心解释变量，对基准中介机制进一步回归以消除内生性的偏误，结果见表 4-5 列（3）~列（7）。可以看出，滞后一期的土地出让市场化水平显著促进了产业结构合理化和产业结构高级化质量，抑制了产业结构高级化数量，同时通过直接效应和中介变量传导的间接效应显著抑制了碳排放，其作用机理依然稳健。

综上所述，假设三得以验证。

第五节 本章小结

本章基于产业结构合理化与高级化视角梳理了土地出让市场化对碳排放影响的理论框架，构建双重固定效应模型和并行多重中介效应模型，采用 2003～2019 年中国省际面板数据，检验了土地出让市场化对碳排放影响的中介效应，厘清了土地出让市场化对碳排放影响的作用机制和传导路径，得出研究结论如下。

（1）土地出让市场化具有抑制碳排放的显著效应，且两者之间存在稳健的负相关关系。在控制所有碳排放影响因素的前提下，量化为土地出让市场化水平提高 1 个标准单位，对碳排放产生 0.243 个标准单位的抑制作用。

（2）土地出让市场化主要通过促进产业结构合理化发展、抑制产业结构高级化份额（高级化数量）失衡、推动产业结构高质量化（高级化质量）提升对碳排放产生抑制作用，均表现为显著部分中介效应。从作用效果和传导路径来看，土地出让市场化对产业结构合理化的作用效果最大，产业结构高级化质量对碳排放的抑制效果更为显著，意味着土地出让市场化通过产业结构调整促进碳减排形成了良性传导机制。

（3）碳排放存在显著的惯性效应，同时土地出让市场化对产业结构调整和碳减排的作用效果存在动态性和延续性。上一期碳排放增加 1%，当期碳排放将增长 0.399% 左右，意味着碳排放存在明显的路径依赖特征。值得关注的是，滞后一期的土地出让市场化水平依然显著提升了产业结构合理化和高级化质量，抑制了产业结构高级化数量，同时通过直接效应和中介变量传导的间接效应显著抑制了碳排放，意味着土地出让市场化能够发挥持久的政策效应。

需要说明的是，本章主要从抑制碳排放的视角出发考虑土地出让市场化的效果。但外部环境的不确定性、区域发展的异质性、政策推行的有效性等因素可能引起土地出让市场化实践效果的两面性，进而使得其对碳排放的作用机理和影响关系不尽相同。为与时俱进地回应现实之需，后续研究仍需持续收集多维数据，选用不同区域层面、不同理论模型深入考虑土地出让市场化对碳排放的多元化影响效果，力求细化土地要素市场化配置对碳排放的影响路径。

第五章

土地集约利用的碳排放效应[*]

　　本章采用 1995~2018 年中国 30 个省级地区的数据样本，基于空间杜宾模型和中介效应模型等计量分析技术，从空间和多重中介效应视角，对土地集约利用碳排放效应的作用机制和传导路径进行了系统而稳健的检验。有效厘清了土地集约利用对碳排放影响的路径演化，揭示了土地集约利用对碳排放的多层次影响，补充了土地利用对碳排放影响的中间机制研究。

　　第五次气候变化科学评估报告显示：人类活动影响全球变暖的概率在 95% 以上（IPCC，2013~2014），比第四次评估报告的 90% 概率上升5 个百分点，全球变暖受到人类活动影响的概率逐渐增加，越来越多的证据表明碳排放是导致全球气候变化的重要因素。碳达峰碳中和"双碳"目标和 2℃ 控温目标的设定，从研究问题来看是全球性的气候应对挑战，从实践手段来看需要各行各业共同努力，这意味着不论之于全球不同国家还是一个国家不同行政单元，需要打破空间限制与行业隔阂共促"双碳"和控温目标的实现。2020 年 9 月，中国首次向全球提出了努力争取 2030 年前碳达峰，2060 年前碳中和的承诺，体现了中国在环

---

　　* 本章的主干内容以《空间互动视角下的土地集约利用碳排放效应分析》为题，发表在《资源开发与市场》2022 年第 11 期；以及以 "Effects of urban land intensive use on carbon emissions in China：spatial interaction and multi-mediating effect perspective" 为题，发表在 *Environmental Science and Pollution Research* 2023 年第 30 卷。

境保护和应对气候变化问题上的责任和担当，也表明了中国坚定气候治理思路推动经济高质量发展的决心。

资源利用几乎总能产生重大的环境效应，进而大部分环境问题都可以直接追溯到资源的利用（Alan et al.，2010）。土地作为最重要的自然资源之一，据世界资源组织的碳排放计算器测算以及碳循环研究专家估算：1850～1998 年的全球碳排放中，土地利用变化引起的碳排放是人类活动影响碳排放总量的 1/3（IPCC，2013～2014）。弗利等（Foley et al.，2005）早在十几年前便指出当前社会面临的挑战是如何实现土地经济和社会效益保值的同时，减少土地利用对环境的负面影响。第五次气候变化科学评估报告显示，在 RCP2. 6 情境下土地将成为21 世纪的碳源，因此如何更好地开发利用土地，成为减缓碳排放的突破口之一。土地集约利用作为增加土地经济供给的主要手段和经济社会可持续发展的重要途径，由其带来的碳排放效应更加值得关注，研究表明土地集约利用和碳排放之间存在长期均衡关系，明确两者之间的关系有助于实现土地集约利用与碳排放的解耦发展，准确解读土地集约利用碳排放效应特征可为实现"碳中和"目标、建设零碳生态文明（杰里米，2020）、发展生态弹性提供科学依据。

现有关于土地集约利用碳排放效应的文献主要集中于两者关系的探讨：从研究区域来看，以城市、城市群为主，如湖北省中心城市（张苗等，2015）、关中城市群（周璟茹等，2017）、京津冀城市群（王彤，2020）等；从研究指标来看，土地集约利用以建立综合评价指标体系为主，碳排放的测度则包括人均碳排放、地均碳排放及碳排放强度等代表指标（王彤，2020）；从研究方法来看，主要采用传统计量分析方法检验两者之间的线性或非线性关系（周璟茹等，2017）；从研究结论来看，相对一致地认为土地集约利用与碳排放之间存在长期均衡关系及EKC 曲线关系，但因碳排放选用的测度指标差异，两者之间的 EKC 曲线关系存在倒"U"形和倒"N"形的区别（王彤，2020）。上述研究短板有三：一是从研究对象上来看，研究区域的样本量较小，可能导致研究结论的规律普适性较差；二是从研究方法来看，传统统计方法仅对属性变量进行统计分析，忽视了观测值的空间位置关系，未考虑自变量和因变量可能的空间相关性，影响了估计结果的准确性；三是从研究内容上来看，均验证了土地集约利用与碳排放之间存在相关关系，但未能揭示两者关系动态变化的作用机制。

综上，本章研究的边际贡献主要体现在以下两个方面：第一，采用 1995～2018 年中国 30 个省级行政区的面板数据样本，基于空间互动视角构建空间面板模型，对土地集约利用的空间相关性和碳排放的空间滞后效应及模型的内生性问题同时进行控制，在尽可能稳健的条件下为提出的理论假说提供可靠的经验支持，以此得到更加普适性的规律和全面的经验证据；第二，提出土地集约利用碳排放效应的作用机制理论和传导路径，并基于中介效应的检验思路，对土地集约利用的多重碳排放效应进行有效区分和量化，补充土地利用对碳排放影响的中间机制研究。

第一节　理论分析与研究假设

目前，我国的城市化进程普遍处于加速发展的阶段。城市的规模和数量迅速增长，而农业用地则急剧减少。城市土地的非集约利用导致了一系列的问题。与其他国家相比，中国土地集约利用和碳排放的增长趋势具有较大差异。对于发达国家，城市土地的使用往往更加密集，碳排放可能已经达到峰值，甚至开始下降（郑斌等，2010；彭冲等，2014；Dong et al.，2019）。然而，对中国来说，土地集约利用处于较低水平，碳排放仍在快速增加（Zeng et al.，2017；陈翠芳等，2019；Choy & Ho，2018），并且两者之间有密切的联系。具体的理论分析如下，直观的理论机理如图 5-1 所示。

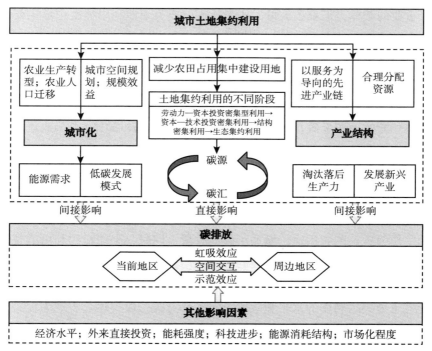

图 5 – 1　理论框架设计

一、土地集约利用的直接碳排放效应

土地集约利用是指通过在单位土地面积上合理增加物资、劳动投入以提高土地收益的经营方式（毕宝德，2011）。从现有文献来看，土地集约利用的碳排放效应具有双重性：一方面，土地集约利用减少了作为碳汇的农用地向建设用地的转换从而有效抑制了碳排放。作为满足经济发展对建设用地需求的第二条路径，土地集约利用倡导内涵挖潜，提高存量土地的利用率和产出率，因此，提高土地利用的集约程度减少了经济发展对农用地的占用，避免了农地非农化，有效降低了生态系统内部变化所导致的碳排放（张苗等，2015）。另一方面，因增加劳动资本等要素投入促进了作为碳源的建设用地的碳排放，建设用地作为城市发展

55

最重要的载体，汇聚了大量的要素投入，成为土地利用类型中最主要和最大的碳源（张苗等，2015；赵荣钦等，2013）。

随着经济发展水平和结构变化，土地集约利用会依次经历劳动资本、资本技术、结构型和生态型集约类型的过渡转变，在资本集约阶段，提升土地集约利用水平会引起建设物资及能源投入的增加，进而导致单位建筑面积上碳排放强度的增加（赵荣钦等，2013），土地集约利用增加作为碳源的建设用地碳排放量效果明显大于保育农用地等碳汇的碳吸收量效果；当土地集约利用过渡到结构型甚至生态型集约阶段时，一方面，劳动和资本的边际报酬递减，劳动和资本要素不再继续追加，作为碳源的建设用地碳排放规模得以控制，另一方面，土地集约利用节约了作为碳汇的农用地，增加了碳吸收量，同时，土地集约利用的技术溢出效应表现出对碳排放更强的抑制作用，最终表现为对碳排放的抑制作用。

土地集约利用的水平和阶段决定了其对碳排放整体上表现为促进还是抑制作用。基于此，提出假设四：土地集约利用与碳排放之间存在倒"U"形曲线关系，即随着土地集约利用水平提高，碳排放表现出先上升后下降的变化趋势。

二、土地集约利用的间接碳排放效应

（一）土地集约利用、城市化与碳排放

土地集约利用包含土地利用结构优化、土地利用效率提升以及土地利用可持续性等内涵，通过发挥劳动力、资金和技术等要素的集聚优势，促进城市化水平的提升（赵丹丹和胡业翠，2016）。一般认为土地集约利用对城市化具有促进作用（张红凤和曲衍波，2018）：一方面，农村土地集约利用可推动农业生产向机械化、规模化转变，加快农村人口进城速度，为城市建设提供新的劳动力和持续增长的消费需求，从而推进城市化进程；另一方面，城市内部空间改造与重新规划、土地利用

结构调整、城市绿化面积增加、交通用地比例提高等，都是土地集约利用的表现，在土地集约利用过程中形成若干个具有竞争性和排他性的相对独立的"产权区域"，促进规模经济和产业经济进一步发展，最终推动城市化进程加快（韩海彬和吴伟波，2020）。

多数研究表明城市化是影响碳排放的主要因素之一（邵帅等，2019；Wang et al.，2021）。最初，城市化进程中会引致大量的能源消费需求，进而导致碳排放增加。当城市化率超过一定水平之后，新环保技术的应用、能源效率的提高、低碳绿色城市发展模式的实施均有利于碳减排，如可汗和苏启伟（Khan & Su，2021）通过面板门槛模型分析城市化对碳排放的影响在低于某一值时表现为促进作用，而在高于某一值时则表现为抑制作用；邵帅等（2019）研究表明城市化与碳排放强度之间呈倒"U"形曲线关系，证明了上述理论。因此，可以判定城市化与碳排放之间的关系呈现动态变化趋势。从实践上来看，发达国家基本实现了城市化与碳排放的脱钩，城市化对碳排放表现为负向影响（Wang et al.，2021），但我们国家仍处于快速城市化进程中，城市化对碳排放的影响主要表现为促进作用。

因此，提出假设五：土地集约利用通过加快城市化进程而对碳排放产生影响，城市化在土地集约利用对碳排放的影响过程中具有显著的中介效应。

（二）土地集约利用、产业结构与碳排放

产业分布特征受到土地利用模式的制约，难以脱离合理的土地集约利用而自动转型（罗娇，2019），可以利用土地供应的硬约束来推动产业结构升级。土地集约利用可以有效地增加土地经济供给，一方面推动土地市场的不断完善，在市场机制和土地价值规律的双重约束下，全产业链布局不断升级，推动产业结构高级化发展（陈翠芳等，2019）；另一方面改变资金、技术、劳动力等生产要素的空间集中状态（卢新海等，2018），而劳动、资本和土地等生产要素在时间、空间的重新组合配置就是推动产业结构合理化发展的过程。

在现有的碳排放影响因素的研究中，几乎国内外所有学者都将产业结构纳入碳排放影响因素的考虑之中，并认为产业结构升级是减少碳排放的有效措施之一（Braenniund et al.，2014）。一方面，产业结构升级可有效减少以高投入、高能耗和高排放为主要特征的资源密集型工业企业占比，增加了技术密集型工业企业，减少了对钢铁、水泥等高碳排放资源的需求，从而有效减少了化石能源燃烧增加温室气体的途径；另一方面，高端制造业和服务业比重的提高减少了对资源的依赖程度，显著降低了资源环境压力，抑制了碳排放的增加。

因此，提出假设六：土地集约利用通过促进产业结构升级而对碳排放产生影响，产业结构升级在土地集约利用对碳排放影响的过程中具有显著的中介效应。

第二节　研究方法与变量选取

本节对研究内容进行了三维重构。首先，构建综合评价指标体系对土地集约利用进行评估，并根据 IPCC 指南计算能源消耗中的碳排放，从而对土地集约利用和碳排放的时空特征进行定量分析。其次，考虑到不同省份的土地集约利用和碳排放之间的空间交互作用，利用空间计量经济学模型对两者之间的关系进行了定量分析。最后，基于中介效应模型，选取城市化和产业结构作为中介变量，期望阐明土地集约利用和碳排放之间的传导机制。研究设计和方法选择如图 5－2 所示。

一、实证模型

（一）土地集约利用对碳排放影响的检验模型

已有研究表明，土地集约利用、城市化、产业结构和碳排放均具有较强的空间相关性（袁凯华等，2017；王锋等，2017），所以如果忽略

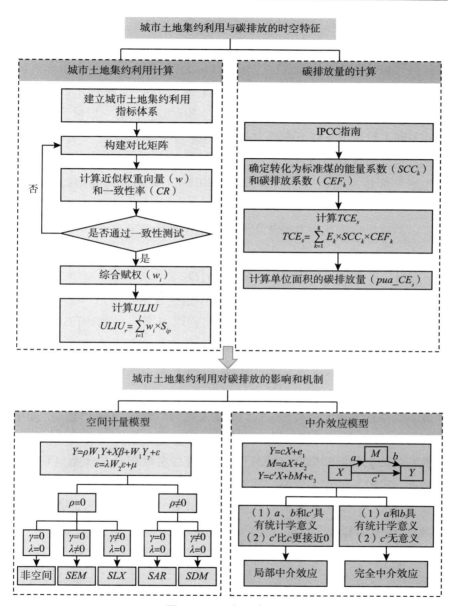

图 5-2 研究设计流程

其固有的空间溢出效应则很可能得到偏误的实证结果。因此，本节选择空间面板模型展开实证研究，将上述变量的空间滞后项纳入模型，以期对其空间相关性予以控制。对于空间相关性同时来自被解释变量和解释变量的空间计量模型首选为空间杜宾模型（SDM）（陶长琪，2016），同时，空间杜宾模型是空间滞后模型和空间误差模型的一般性形式，可以在不同系数设定条件下变形为上述模型，能够同时考虑空间滞后被解释变量和空间滞后解释变量对被解释变量的影响，有效捕捉不同来源所产生的外部性和溢出效应（邵帅等，2019），空间杜宾模型的一般形式为：

$$Y = \rho W_1 Y + X\beta + W_1 X_\gamma + \varepsilon \qquad (5-1)$$

$$\varepsilon = \lambda W_2 \varepsilon + \mu \qquad (5-2)$$

$$\mu \sim N(0, \ \sigma_\mu^2 I) \qquad (5-3)$$

其中，Y 为被解释变量，X 为解释变量（包括控制变量）；W_1 和 W_2 分别为 $n \times n$ 的空间权重矩阵，可依具体研究取相等；ρ 为空间回归系数；β 和 γ 为待估计的常数回归参数向量，ε 为存在空间相关性的误差项，λ 为其系数，μ 为误差服从正态分布。当 $\gamma = 0$，$\lambda = 0$ 时，排除了解释变量的空间相关性，变为空间自回归模型（SAR）；当 $\rho = 0$，$\lambda = 0$ 时，排除了被解释变量的空间相关性，变为空间滞后模型（SLX）；当 γ 和 ρ 同时为 0 且 $\lambda \neq 0$ 时，模型同时排除了解释变量和被解释变量的空间相关性，变为空间误差模型（SEM），详细可参考勒萨日和佩斯（LeSage & Pace，2009）的相关研究。因本节采用 1995～2018 年省际层面的面板数据样本，同时考虑到面板数据中既随个体变化的地区固定效应又随时间变化的时间固定效应，上述一般模型可变形为（陶长琪，2016）：

$$Y_{it} = c + \rho \sum_{i \neq j} W_{ij} Y_{it} + \beta X_{it} + \gamma \sum_{i \neq j} W_{ij} X_{it} + \delta_i + \theta_i + \varepsilon_{it} \qquad (5-4)$$

其中，c 为常数项，δ_i 表示地区固定效应，θ_i 表示时间固定效应。其他变量解释同上。

因此，本节主要采用空间杜宾模型开展实证检验，并根据 γ、ρ 和 λ 系数结果选择 SDM 模型是否退化为 SAR 模型或 SEM 模型。基于前文假设和式（5-4）构建空间杜宾模型如下：

$$CE_{it} = c + \rho \sum_{i=1}^{n} W_{ij}CE_{it} + \beta_1 LUI_{it} + \beta_2 sLUI_{it} + \varphi \sum_{i=1}^{n} W_{ij}LUI_{it} + \beta_3 UR_{it}$$

$$+ \varphi_2 \sum_{i=1}^{n} W_{ij}UR_{it} + \beta_4 IS_{it} + \varphi_3 \sum_{i=1}^{n} W_{ij}IS_{it} + \gamma \sum Controls_{it}$$

$$+ \tau \sum_{i=1}^{n} W_{ij}Controls_{it} + \delta_i + \theta_i + \varepsilon_{it} \qquad (5-5)$$

其中，i 表示省份，t 表示年份，CE_{it} 表示碳排放，LUI_{it} 表示土地集约利用水平，$sLUI_{it}$ 表示土地集约利用水平的二次项，UR_{it} 表示城市化水平，IS_{it} 表示产业结构，$Controls_{it}$ 表示一组控制变量；W_{ij} 表示空间权重矩阵，本节采用地理距离空间权重矩阵，基于经纬度坐标计算的各省会城市的地理距离平方的倒数构建空间权重矩阵，以此反映邻近关系随距离衰减的本质属性，在实证过程中，将空间权重矩阵进行标准化，矩阵的对角元素设为 0；$\beta_1 \sim \beta_4$ 和 γ 为待估系数；ρ、$\varphi_1 \sim \varphi_3$ 和 τ 分别为被解释变量、解释变量和控制变量的空间滞后系数；其他解释变量同上述一般模型。

（二）城市化和产业结构的中介效应检验模型

土地集约利用通过城市化和产业结构对碳排放产生影响，为了检验两者是否充当了中介变量的角色，本节采用规范的中介效应模型并基于空间计量技术开展进一步的实证考察。解释变量通过中间变量对被解释变量产生的间接效应被称为中介效应，研究中广泛采用的检验中介效应的方法是巴伦和肯尼（Baron & Kenny，1986）提出的逐步法，参照第四章第三节模型一。具体而言，研究解释变量（X）通过中介变量（M）对被解释变量（Y）的间接影响，可以采用如下方程形式予以描述：

$$Y = cX + e_1 \qquad (5-6)$$

$$M = aX + e_2 \qquad (5-7)$$

$$Y = c'X + bM + e_3 \qquad (5-8)$$

当中介变量不止一个时，相应的中介模型成为多重中介模型，多重中介模型细化了土地集约利用（X）对碳排放（Y）影响的路径，不仅可以得到特定中介效应值，还因为考虑多个中介变量，避免了遗漏变量导致的参数估计偏差。根据上述理论构建检验步骤如图 5-1 所示，具体的中介效应检验模型设定如下：

$$CE_{it} = c + \rho \sum_{i=1}^{n} W_{ij}CE_{it} + \beta_1 LUI_{it} + \beta_2 sLUI_{it} + \varphi \sum_{i=1}^{n} W_{ij}LUI_{it}$$
$$+ \gamma \sum Controls_{it} + \tau \sum_{i=1}^{n} W_{ij}Controls_{it} + \delta_i + \theta_I + \varepsilon_{it} \quad (5-9)$$

$$UR_{it} = c + \eta \sum_{i=1}^{n} W_{ij}UR_{it} + \alpha_1 LUI_{it} + \alpha_2 sLUI_{it} + \zeta \sum_{i=1}^{n} W_{ij}LUI_{it}$$
$$+ \vartheta \sum Controls_{it} + \nu \sum_{i=1}^{n} W_{ij}Controls_{it} + \varepsilon_i + \omega_I + \varepsilon_{it} \quad (5-10)$$

$$IS_{it} = c + \eta' \sum_{i=1}^{n} W_{ij}IS_{it} + \alpha'_1 LUI_{it} + \alpha'_2 sLUI_{it} + \zeta' \sum_{i=1}^{n} W_{ij}LUI_{it}$$
$$+ \vartheta' \sum Controls_{it} + \nu' \sum_{i=1}^{n} W_{ij}Controls_{it} + \varepsilon'_i + \omega'_I + \varepsilon_{it} \quad (5-11)$$

如图 5-3 所示，式（5-9）对应于中介效应检验模型的式（5-6），检验分别剔除城市化和产业结构升级两个中介变量后土地集约利用对碳排放影响的总效应 c；式（5-10）和式（5-11）都对应于中介效应检验模型的式（5-7），检验土地集约利用对城市化和产业结构升级两个中

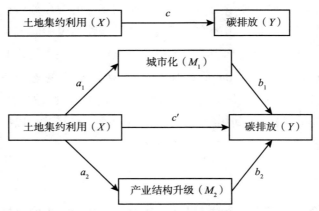

图 5-3 土地集约利用对碳排放影响的多重中介效应检验

介变量的影响；式（5-5）则对应于中介效应检验模型的式（5-8），检验土地集约利用通过城市化和产业结构升级对碳排放的中介效应 $a_1b_1 + a_2b_2$ 和直接效应 c'。

二、变量选取与数据来源

（一）被解释变量

本节采用地均碳排放量（CE），即碳排放量与建成区面积之比作为被解释变量碳排放的模型指标（单位：万吨/平方公里），其中碳排放总量根据能源标准煤折算系数和 IPCC 提供的碳排放系数，利用煤炭、焦炭、原油、汽油、煤油、柴油、燃料油、天然气 8 种能源消费量来计算（刘凯等，2019），计算方法如式（5-12）所示：

$$TCE = \sum_{k=1}^{8} CE_k = \sum_{k=1}^{8} E_k \times SCC_k \times CEF_k \qquad (5-12)$$

其中，TCE 表示碳排放总量，k 表示各能源种类，E_k 代表能源的消费量，SCC_k 为各种能源的折标煤系数，CEF_k 为 IPCC（2006）提供的碳排放系数，具体数值如表 5-1 所示。

表 5-1　　　　　　　　能源标准煤折算系数和碳排放系数

能源种类	煤炭	焦炭	原油	汽油	煤油	柴油	燃料油	天然气
标准煤折算系数	0.7143	0.9714	1.4286	1.4714	1.4714	1.4571	1.4290	1.3300
碳排放系数	0.7559	0.8550	0.5857	0.5538	0.5714	0.5921	0.6185	0.4483

注：标准煤折算系数中天然气计量单位是 kg/m^3，其他能源计量单位是 kg 标准煤/kg；碳排放系数计量单位是 $kg-CO_2/kg$ 标准煤。

（二）核心解释变量

土地集约利用评价不仅是土地集约利用研究的核心问题，也是政府部门对土地利用效益进行评估以提高土地集约利用水平的重要手段。现有从学术研究来看，以建立综合评价指标体系评价为主，包括土地投入强度、土地利用强度、土地利用效率、土地利用生态效益、土地利用结构和布局、土地集约利用发展趋势等指标体系（朱志远，2017）；从国家出台的相关政策及规程来看，如《建设用地节约集约利用评价规程（TD/T1018—2008）》《开发区土地集约利用评价规程（2014）》和《城市用地分类和规划建设用地标准 GBJ137 - 90》等，提出通过极值法或理想值法对评价指标进行标准化，计算集约利用指数（杨俊等，2020）。土地集约利用的内涵在不同的经济发展阶段具有异质性，难以遵循统一的标准，因此，本节主要借鉴已有研究（张红凤和曲衍波，2018；韩海彬和吴伟波，2020；彭冲等，2014；Hui Eddie et al.，2015）从投入强度和产出效益两个方面构建综合指标体系来测算土地集约利用水平，采用 Matlab 软件（1 ~ 9 尺度成对比较法）计算权重向量并作一致性检验（CR = 0.0959 ≤ 0.1），确定 11 个指标的权重，具体见表 5 - 2。

表 5 - 2　　　　　　　　土地集约利用评价指标体系

指标体系	评价层	指标层	指标含义与单位	单位	方向	权重
投入强度	经济投入	地均固定资产投资 I_1	固定资产投资额/建成区面积	亿元/平方公里	+	0.19
	劳动力投入	地均劳动力投入 I_2	二三产业从业人员/建成区面积	万人/平方公里	+	0.10
		人口密度 I_3	年末总人口数/土地面积	人/平方公里	+	0.08
	土地投入	人均建设用地面积 I_4	建设用地面积/年末总人口数	平方公里/万人	+	0.08
	技术投入	地均科研投入 I_5	R&D 内部支出/建成区面积	亿元/平方公里	+	0.13

指标体系	评价层	指标层	指标含义与单位	单位	方向	权重
产出效益	经济效益	地均二三产业增加值 O_1	二三产业增加值/建成区面积	亿元/平方公里	+	0.23
		地均社会消费品零售额 O_2	社会消费品零售额/建成区面积	亿元/平方公里	+	0.04
	社会效益	每平方公里学校数 O_3	学校数量/建成区面积	所/平方公里	+	0.04
		每平方公里医院数 O_4	医院数量/建成区面积	个/平方公里	+	0.03
	生态效益	地均二氧化硫排放量 O_5	二氧化硫排放量/建成区面积	吨/平方公里	−	0.04
		地均工业废水排放量 O_6	工业废水排放量/建成区面积	万吨/平方公里	−	0.04

注：一般认为人口密度和人均建设用地两个指标属于适度指标，但因其理想值的确定存在模糊性，结合中国实际，在当前经济发展阶段，本节认为上述两个指标属于正向指标。

采用极差标准化法消除上述指标量纲、数量级和正负作用的关系，将各指标数据值量化在 0~1 之间，其中正向指标采用式（5-13），负向指标采用式（5-14）计算：

$$X'_{ij} = \frac{X_{ij} - \min X_{ij}}{\max X_{ij} - \min X_{ij}} \qquad (5-13)$$

$$X'_{ij} = \frac{\max X_{ij} - X_{ij}}{\max X_{ij} - \min X_{ij}} \qquad (5-14)$$

其中，X'_{ij} 表示指标标准值，X_{ij} 表示指标原始值，$\min X_{ij}$ 表示最小值，$\max X_{ij}$ 表示最大值。

土地集约利用水平的计算公式如下：

$$LUI_P = \sum_{i=1}^{I} W_i \times S_{ip} \qquad (5-15)$$

其中，LUI_P 为省份 P 的土地集约利用水平，W_i 为第 i 个指标的权重，S_{ip}为省份 P 的第 i 个指标标准值，I 为总指标数。

表 5 – 3 为土地集约利用水平测算值，由表 5 – 3 可知：（1）从时序来看，2013～2015 年为一个时间段节点，节点之前各省级地区土地集约利用水平基本呈现增长趋势，节点之后增长不明显甚至出现下降，这与 2014 年来我国经济增长速度放缓，2015 年提出供给侧结构性改革，对经济增长"软着陆"以实现经济结构调整，造成土地集约利用水平评价相关的资本、劳动力、土地、技术等要素指标变动有关，这也意味着调整阶段结束后，土地集约利用水平会有阶段变化及结构性提升；（2）从均值和中位数来看，全国 31 个省份 1995～2018 年土地集约利用水平均值为 0.277，中位数为 0.276，而中部、西部以及东北等共计 21 个省份的土地集约利用水平均值均小于等于全国水平以及中位数值，表明我国多数省份的土地集约利用水平较低；（3）从地区差异来看，土地集约利用水平排名由高到低依次为东部、中部、西部、东北，仅有东部地区省份高于全国平均水平。

（三）中介变量

（1）城市化（*UR*）：采用非农人口与总人口之比作为城市化的模型指标，单位：%。

（2）产业结构（*ISUI*）：选择产业结构升级指数作为量化产业结构的模型指标。本节借鉴李勇刚和罗海燕（2017）、汪伟等（2015）的方法，采用不同产业增加值占比数据来构造三次产业结构升级指数。计算公式如式（5 – 16）所示：

$$ISUI = \sum_{i=1}^{3} x_i \times i \qquad (5-16)$$

其中，*ISUI* 表示产业结构升级指数，主要反映三次产业之间的升级状况，其取值范围为 [1, 3]，数值越大表明整体产业素质与效率提高；i 表示三次产业种类；x_i 表示第 i 产业增加值占 GDP 的比重。

表 5 - 3 土地集约利用水平测度值

省份	1995年	1998年	2001年	2004年	2007年	2010年	2013年	2014年	2015年	2016年	2017年	2018年	均值
北京	0.390	0.413	0.326	0.275	0.305	0.368	0.367	0.351	0.353	0.355	0.351	0.357	0.348
天津	0.280	0.297	0.276	0.285	0.311	0.383	0.428	0.417	0.389	0.352	0.304	0.291	0.326
河北	0.307	0.323	0.298	0.280	0.289	0.345	0.362	0.362	0.347	0.335	0.330	0.320	0.319
山西	0.219	0.214	0.205	0.229	0.253	0.293	0.296	0.282	0.277	0.265	0.220	0.222	0.244
内蒙古	0.177	0.168	0.172	0.201	0.236	0.286	0.300	0.322	0.279	0.279	0.248	0.219	0.230
辽宁	0.182	0.186	0.192	0.200	0.219	0.256	0.279	0.266	0.226	0.157	0.162	0.157	0.210
吉林	0.151	0.164	0.172	0.175	0.196	0.218	0.222	0.225	0.224	0.225	0.212	0.190	0.191
黑龙江	0.218	0.185	0.169	0.164	0.166	0.194	0.204	0.190	0.186	0.181	0.178	0.166	0.181
上海	0.665	0.496	0.508	0.442	0.445	0.446	0.462	0.480	0.480	0.493	0.505	0.437	0.494
江苏	0.375	0.372	0.321	0.301	0.310	0.332	0.337	0.333	0.327	0.328	0.328	0.324	0.331
浙江	0.345	0.370	0.327	0.328	0.320	0.323	0.335	0.334	0.330	0.332	0.320	0.317	0.336
安徽	0.232	0.247	0.231	0.228	0.267	0.297	0.308	0.315	0.308	0.307	0.311	0.317	0.267
福建	0.470	0.467	0.399	0.344	0.325	0.337	0.364	0.369	0.367	0.366	0.373	0.376	0.379
江西	0.241	0.269	0.289	0.281	0.264	0.327	0.311	0.314	0.303	0.301	0.297	0.293	0.286
山东	0.304	0.312	0.293	0.288	0.279	0.301	0.303	0.301	0.296	0.293	0.286	0.266	0.296
河南	0.287	0.305	0.274	0.268	0.286	0.331	0.342	0.346	0.343	0.353	0.348	0.342	0.307
湖北	0.158	0.187	0.205	0.211	0.251	0.269	0.289	0.298	0.295	0.300	0.297	0.292	0.240
湖南	0.285	0.296	0.268	0.256	0.280	0.331	0.359	0.370	0.377	0.378	0.375	0.357	0.310
广东	0.310	0.319	0.292	0.223	0.227	0.243	0.245	0.247	0.246	0.248	0.255	0.257	0.264

续表

省份	1995年	1998年	2001年	2004年	2007年	2010年	2013年	2014年	2015年	2016年	2017年	2018年	均值
广西	0.224	0.216	0.208	0.198	0.217	0.269	0.275	0.280	0.276	0.274	0.264	0.260	0.237
海南	0.209	0.149	0.204	0.199	0.187	0.237	0.244	0.252	0.238	0.255	0.261	0.222	0.207
重庆	0.346	0.343	0.307	0.249	0.239	0.271	0.268	0.261	0.259	0.267	0.264	0.257	0.276
四川	0.283	0.284	0.265	0.234	0.284	0.321	0.304	0.296	0.292	0.269	0.260	0.256	0.280
贵州	0.273	0.209	0.207	0.231	0.221	0.266	0.263	0.275	0.274	0.281	0.265	0.270	0.244
云南	0.379	0.357	0.320	0.288	0.273	0.280	0.286	0.289	0.280	0.280	0.296	0.307	0.306
西藏	0.119	0.115	0.142	0.167	0.182	0.225	0.220	0.227	0.221	0.239	0.254	0.241	0.180
陕西	0.313	0.271	0.304	0.314	0.321	0.394	0.392	0.391	0.358	0.354	0.331	0.331	0.335
甘肃	0.199	0.214	0.215	0.199	0.194	0.213	0.235	0.236	0.225	0.223	0.190	0.185	0.209
青海	0.213	0.234	0.244	0.267	0.277	0.344	0.348	0.352	0.314	0.316	0.317	0.318	0.289
宁夏	0.175	0.174	0.157	0.134	0.128	0.157	0.167	0.171	0.171	0.179	0.174	0.160	0.159
新疆	0.206	0.197	0.201	0.186	0.182	0.184	0.203	0.208	0.206	0.199	0.206	0.183	0.195
全国	0.275	0.269	0.258	0.247	0.256	0.292	0.301	0.302	0.292	0.290	0.283	0.274	0.277
东部	0.366	0.352	0.324	0.297	0.300	0.332	0.345	0.345	0.337	0.336	0.331	0.317	0.330
中部	0.237	0.253	0.245	0.246	0.267	0.308	0.318	0.321	0.317	0.317	0.308	0.304	0.276
西部	0.242	0.232	0.229	0.222	0.230	0.268	0.272	0.276	0.263	0.263	0.256	0.249	0.245
东北	0.184	0.178	0.178	0.180	0.194	0.223	0.235	0.227	0.212	0.188	0.184	0.171	0.194

注：①1995～2013 年的土地集约利用水平值为同隔两年列出；②均值为 1995～2018 年连续年份各省级地区土地集约利用水平均值；③东部：京、津、沪、冀、鲁、苏、浙、闽、粤、琼；中部：晋、皖、鄂、豫、湘、赣；西部：内蒙古、新、宁、青、甘、陕、云、黔、桂、川、渝、藏；东北：黑、吉、辽。

（四）控制变量

阿勒等（2021）综合了近期大量关于 CO_2 排放决定因素文献的研究结果，利用贝叶斯模型平均法识别出了模型不确定性中最稳健的人均 CO_2 排放决定因素，主要包括人均 GDP、化石燃料在能源消耗中的比重、城市化、工业化、民主化、贸易的间接效应和政治极化等，而 CO_2 排放的决定因素取决于一国的人均收入水平。综上，本节以上述研究结果为参照选取经济水平、对外开放程度、能源强度、能源消费结构、技术进步、市场化程度等变量作为影响碳排放的控制变量，以此避免遗漏变量导致参数估计偏差问题，具体变量说明及指标设计如表 5 - 4 所示。

表 5 - 4　　　　　　　　　　控制变量说明及指标设计

变量	符号	量化指标	单位	预期符号
经济水平	EC	人均地区生产总值	元/人	非线性
对外开放程度	FDI	外商直接投资/GDP	百分比	不确定
能源强度	EI	单位非农产出能源消耗量	吨标准煤/万元	正向
能源消费结构	ES	煤炭消费占能源消费总量比重	百分比	正向
技术进步	TP	万人拥有专利数	项/万人	负向
市场化程度	ML	私营企业和个体就业人员占比	百分比	负向

注：其中经济水平、能源强度、技术进步在模型检验中进行了取对数处理。

（五）数据来源

数据来源主要包括《中国统计年鉴》（1996～2019）、《中国能源统计年鉴》（1996～2019）、《中国国土资源年鉴》（1996～2012）、《中国国土资源统计年鉴》（2013～2019）、《中国环境统计年鉴》（1998～2018）、《中国城市统计年鉴》（1996～2019）、《中国城市建设统计年鉴》（2006～2018）、各省份《土地利用总体规划》（1997～2010）（2006～2020）等。个别指标存在少数年份数据缺失，采用移动平均法补齐缺失值。以货币计量的变量均以 1995 年价格指数为基期，消除价格影响。西藏、香港、澳门和台湾因能源平衡表缺失导致碳排放数据无法测算，故予以剔除。上述各变量的描述性统计值见表 5 – 5。

表 5 – 5　　　　　　　　　各变量的描述性统计值

变量	最大值	最小值	均值	标准差	观测数
LUI	0.665	0.128	0.277	0.077	720
CE	7.620	0.530	2.911	1.374	720
UR	0.903	0.135	0.356	0.165	720
$ISUI$	2.806	1.921	2.265	0.144	720
$lnEC$	10.220	7.510	8.993	8.490	720
FDI	24.193	0.013	2.889	2.972	720
$lnEI$	2.645	– 0.182	1.348	0.750	720
ES	0.833	0.018	0.490	0.167	720
$lnTP$	4.049	– 2.617	1.441	2.067	720
ML	0.980	0.035	0.210	0.155	720

第三节　实证分析

一、模型设定与检验

在运行回归模型之前，要用方差输入因子（VIFs）来检验共线性，检验结果表明所有变量的 VIFs 均小于 10，说明没有明显的共线性缺陷。此外，在对上述空间面板模型进行参数估计之前，先对空间模型适用性和空间面板模型形式进行检验，从而确定合理的空间模型形式，然后根据豪斯曼检验结果选择固定或随机效应模型，以此确定合适的参数估计方式，最终得出模型估计结果（彭山桂等，2019）。具体来说：首先，根据表5－6中LM统计检验量来判断是否选择空间模型，如果四组统计量都显著性拒绝原假设，那么可以判断空间模型适用；其次，根据表5－7中Wald和LR统计量来选择合适的空间模型形式，如果第一组Wald test（SAR）、LR test（SAR）统计量接受原假设同时第二组Wald test（SEM）、LR test（SEM）检验拒绝原假设，那么空间模型形式为空间自回归模型，如果第一组Wald test（SAR）、LR test（SAR）统计量拒绝原假设同时第二组Wald test（SEM）、LR test（SEM）检验接受原假设，那么空间模型形式为空间误差模型，如果第一组和第二组检验统计量同时拒绝原假设，那么空间模型形式为空间杜宾模型；最后，根据表5－6中豪斯曼检验选择参数估计形式，如果拒绝原假设，则选择空间固定效应模型的参数估计，如果接受原假设则选择空间随机效应模型的参数估计。根据上述经验，判断所有模型都适用空间杜宾模型。

表5－6 **空间计量模型设定检验结果**

检验类别	检验方法	统计值	P 值
空间模型适用性检验	LMLag	3.550	0.060
	LMError	9.451	0.002
	Robust LMLag	0.184	0.168
	Robust LMError	6.085	0.014
空间模型形式检验	Wald test（SAR）	75.612	0.000
	LR test（SAR）	77.750	0.000
	Wald test（SEM）	68.029	0.000
	LR test（SEM）	67.834	0.000
固定与随机效应检验	Hausman test	70.483	0.000

二、模型结果分析

在参数估计结果（见表5－7）上，模型1、模型2和模型3选择时空双固定效应参数估计结果，模型 4 和模型 5 选择空间随机时间固定效应参数估计结果。其中模型 1 是用来检验土地集约利用、城市化、产业结构升级对碳排放影响，对应式（5-5）；模型 2 和模型 3 分别用来检验剔除城市化和产业结构升级两个变量时土地集约利用对碳排放的影响，对应式（5-9）；模型 4 和模型 5 分别用来检验土地集约利用对城市化和产业结构升级的影响，对应式（5-10）和式（5-11）。最终估计结果见表 5-7。

表 5-7 　　　　　　　　　　　**模型估计结果**

变量	模型 1	模型 2	模型 3	模型 4	模型 5
	lnCE	lnCE	lnCE	UR	$ISUI$
LUI	7.826 ***	7.446 ***	7.925 ***	1.381 ***	0.787 ***
$sLUI$	−5.494 ***	−5.112 ***	−5.470 ***	−1.540 ***	−0.882 ***
UR	0.601 ***		0.671 ***		0.372 ***
$ISUI$	−0.843 ***	−0.892 ***		0.327 ***	
lnEC	1.103 **	0.357 *	0.845 **	−1.390 ***	−0.626 ***
$s$lnEC	−0.069 **	−0.028 *	−0.054 *	0.090 ***	0.034 ***
FDI	−0.010 ***	−0.014 ***	0.011 ***	−0.002 *	0.003 ***
lnEI	0.836 ***	0.823 ***	0.865 ***	0.020 **	0.036 *
ES	0.611 ***	0.622 ***	0.607 ***	−0.133 ***	0.026
lnTP	−0.043 **	−0.044 **	−0.042 **	−0.001	0.043 ***
ML	−0.328 ***	−0.252 ***	−0.293 ***	0.050 *	0.077 ***
ρ_{CE}	−0.232 ***	−0.271 ***	−0.091 **		
ρ_{UR}				−0.362 ***	
ρ_{ISUI}					0.102 **
$W \times LUI$	0.790	1.615	0.478	−2.321 ***	0.922 ***
$W \times sLUI$	−2.029	2.580	−2.074	1.196 **	−1.310 **
$W \times UR$	−1.776 ***		−1.990 ***		−0.109
$W \times ISUI$	−2.142 ***	−2.252 ***		0.160 **	

变量	模型 1	模型 2	模型 3	模型 4	模型 5
	$\ln CE$	$\ln CE$	$\ln CE$	UR	$ISUI$
$W \times \ln EC$	– 1.266	0.082	– 2.334 **	0.277	– 1.440 ***
$W \times s\ln EC$	0.067	– 0.011	0.141 **	– 0.007	0.081 ***
$W \times FDI$	0.018 **	0.024 ***	0.018 **	– 0.001	0.010 ***
$W \times \ln EI$	– 0.021	– 0.116	0.051	0.016	0.050 ***
$W \times ES$	0.025	0.105	– 0.111	0.175 ***	– 0.308 ***
$W \times \ln TP$	– 0.047	– 0.047	– 0.104 **	0.063 ***	– 0.037 ***
$W \times ML$	– 0.342 *	– 0.689 ***	– 0.343 *	– 0.323 ***	– 0.051
$R - squared$	0.941	0.939	0.936	0.927	0.809
$Sigma^2$	0.013	0.013	0.014	0.002	0.004
$Log - likelihood$	566.785	554.990	542.980	1207.252	970.787
样本量	720	720	720	720	720

注：①ln 表示该变量取自然对数，$sLUI$ 和 $s\ln EC$ 分别表示土地集约利用和经济水平自然对数的二次项；②ρ_{CE}、ρ_{UR} 和 ρ_{ISUI} 分别表示作为因变量的地均碳排放、城市化和产业结构升级指数的空间滞后项；③"$W \times$"表示对应变量的空间滞后项；④ *、** 和 *** 分别表示在 10%、5% 和 1% 水平上显著。

（一）土地集约利用与碳排放之间存在倒"U"形曲线关系

从表 5 - 7 的模型 1、模型 2 和模型 3 结果来看，土地集约利用的一次项均在 1% 水平上显著为正，二次项均在 1% 水平上显著为负，表明土地集约利用与碳排放之间存在倒"U"形曲线关系。当土地集约利用水平低于 0.712 时（模型 2 为 0.728，模型 3 为 0.724），土地集约利用对碳排放表现为促进作用，本节测算的 1995 ~ 2018 年全国 30 个省份的土地集约利用水平平均值为 0.277，最大值为 0.665，表明中国当前土地集约利用水平对碳排放主要表现为促进作用，进一步地提高土地集约利用水平，跨越拐点，有利于发挥土地集约利用碳减排的正效应，以上验证了前文的假说四。

地均碳排放的空间滞后项分别在 1%、1% 和 5% 水平上显著为负，意味着地均碳排放高的省份对邻近省份的碳排放表现为抑制效应，一定程度上表明在空间单元面积不变的条件下，集聚效应导致生产要素在某一空间单元的高度集中引发了本单元更多的碳排放，但对相邻单元来说起到了减少生产要素投入而带来更少碳排放的分散减排效应，这与已有研究中以碳排放强度为被解释变量的空间正溢出效应的研究结论有所差异（邵帅等，2019）。

（二）土地集约利用通过减缓邻近省份的城市化进程抑制碳排放的间接空间效应

从表 5-7 的模型 4 来看，土地集约利用的一次项在 1% 水平上显著为正，二次项在 1% 水平上显著为负，表明当土地集约利用水平低于拐点 0.448 时，土地集约利用对城市化表现为正向促进作用，结合表 5-7 的模型 1 和模型 2 验证了假说五，即土地集约利用和城市化均对碳排放具有显著影响作用，而土地集约利用对城市化也具有显著影响作用，城市化是土地集约利用影响碳排放的中介变量。城市化的空间滞后项在 1% 水平上显著为负，表明某省的城市化进程加快对邻近省份的城市化具有一定的抑制作用，原因分析为某省城市化进程加快过程中表现为对邻近省份的资本、劳动力和技术等生产要素的虹吸效应，导致邻近省份的城市化进程相对变慢。土地集约利用一次项空间滞后项在 1% 水平上显著为负，表明某省的土地集约利用水平提升对邻近省份的城市化表现为抑制作用，虽然土地集约利用水平没有表现出抑制邻近省份碳排放的空间溢出效应，但结合结果（1）①，表明土地集约利用能够通过减缓邻近省份的城市化进程表现出对碳排放的间接空间抑制效应。

（三）土地集约利用通过促进邻近省份的产业结构升级抑制碳排放的间接空间效应

从表 5-7 的模型 5 来看，土地集约利用的一次项在 1% 水平上显著为正，二次项在 1% 水平上显著为负，表明当土地集约利用水平低于拐点 0.446 时，土地集约利用对产业结构升级表现为正向促进作用，结合表 5 - 7 的模型 1 和模型 3 验证了假说六，即土地集约利用和产业结构升级对碳排放具有显著影响作用，其中土地集约利用对产业结构也具有显著影响作用，产业结构升级是土地集约利用影响碳排放的中介变量。产业结构升级的空间滞后项在 1% 水平上显著为正，表明某省的产业结构升级对邻近省份的产业结构升级具有促进作用，原因解释为某省产业结构升级对邻近省份产生示范效应和辐射效应，在自身产业结构升级的同时带动邻近省份的产业结构升级。土地集约利用一次项空间滞后项在 1% 水平上显著为正，表明某省的土地集约利用水平提升对邻近省份的产业结构升级表现为促进作用，体现土地集约利用的正向空间溢出效应，结合结果（1）②，表明土地集约利用能够通过促进邻近省份的产业结构升级，表现出对碳排放的间接空间抑制效应。

（四）控制变量的回归系数基本符合预期

关注表 5 - 7 中控制变量的回归结果，从经济水平这个变量来看，经济发展与碳排放同样存在倒"U"形曲线关系，与已有研究结论一致（Aller et al.，2021）。具体来看：当经济水平低于 2959.433 元/人（以 1995 年价格为基期修正）的拐点时，经济发展对碳排放表现为促进作用；从平均值来看，1995 ~ 2018 年全国 30 个省份的经济水平为 8042.571 元/人（以 1995 年价格为基期修正），意味着多数省份已经跨越拐点；从时间点上来说，自 2009 年开始，中国所有省份跨越拐点，在控制其他影响因素的前提下，经济发展与碳排放实现脱钩发展。

城市化、能源强度和能源结构对碳排放表现为促进作用，但是本节没有检验出城市化与地均碳排放的倒"U"形曲线关系，表明当前中国省级层面城市化进程中更多地表现为促进碳排放增加的效应，还未表现出城市化带来碳减排的正溢出效应。结合能源强度和能源结构的指标定义，意味着单位非农产出能源消耗量越大、煤炭消费占能源消费总量比重越高，造成的碳排放量越多，上述变量对碳排放表现为促进作用，符合理论分析和现实情况。

产业结构升级、技术进步和市场化程度对碳排放均表现为抑制作用，表明调整产业结构、加大技术投资以及市场化改革都有利于发挥碳减排的积极效果；对外开放程度在表 5 - 7 的模型 1 和模型 2 中 1% 水平上对碳排放表现为抑制作用，在模型 3 中 1% 水平表现为促进作用，表明外资的引进还未表现出稳定的改善环境质量和碳减排的积极作用。总体来看，上述变量的符号方向与表 5 - 4 中预期符号方向一致，与现有研究结论基本一致，验证了前述理论分析。

城市化（模型 1、模型 3）、产业结构升级（模型 1、模型 2）、经济水平（模型 3）、技术进步（模型 3）和市场化程度（模型 1、模型 2、模型 3）的空间滞后项显著为负，意味着某省的经济水平越发达、城市化水平越高、产业结构升级指数越高、技术进步程度越大、市场化程度越高对邻近省份的碳排放表现为抑制作用，表现为经济水平、城市化、产业结构升级、技术进步和市场化程度的空间溢出碳减排效应。

综上，研究结果总结如下：当土地集约利用水平低于 0.45（对 0.446 和 0.448 均保留两位小数）时，土地集约利用整体上对碳排放表现为促进作用，并通过促进产业结构升级和加快城市化进程对碳排放分别起到抑制和促进的中介作用；当土地集约利用水平大于 0.45（包含）并小于 0.712 时，土地集约利用对碳排放的影响仍处于倒"U"形曲线的左侧，但是通过抑制产业结构升级和减缓城市化进程对碳排放分别起到促进和抑制的中介作用，而当土地集约利用水平跨越拐点 0.712 时，土地集约利用与碳排放实现脱钩发展。图 5 - 4 显示了土地集约利用碳排放效应的作用机制和传导路径，验证了本章的三个假说。

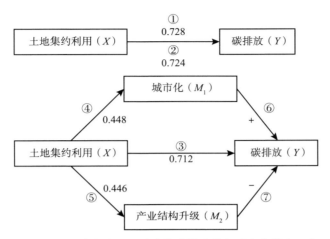

图 5-4　土地集约利用对碳排放影响的多重中介效应示意

注：①、②、③分别表示不包含城市化变量、不包含产业结构升级变量、城市化和产业结构都包含时土地集约利用对碳排放影响的倒"U"形曲线拐点的土地集约利用水平值；④、⑤分别表示土地集约利用对城市化和产业结构升级影响的倒"U"形曲线拐点的土地集约利用水平值；⑥、⑦分别表示城市化和产业结构升级与碳排放的正相关和负相关关系。

第四节　进一步讨论：稳健性检验

一般认为土地集约利用对城市化具有促进作用，但在城市化对土地集约利用的影响问题上尚存在分歧（张红凤和曲衍波，2018）。多数学者认为城市化、产业结构调整以及技术进步等因素有助于土地集约利用，因此判断土地集约利用和城市化之间以及土地集约利用和产业结构之间都可能存在双向因果关系从而导致内生性问题。

引入工具变量是缓解研究中可能存在内生性问题而造成估计偏误的有效途径，由于土地集约利用滞后项是已发生的事实，与土地集约利用的相关性是显然的，而当期的城市化和产业结构不可能影响过去的土地集约利用，故土地集约利用的滞后值或许是外生的，符合工具变量选取条件，因此本节将土地集约利用滞后项作为替代变量纳入五个模型进行内生性检验。结果如表 5-8 和表 5-9 所示，模型和参数估计方式的适用性参照前述标准。

表 5 - 8 空间模型适用性稳健性检验统计

检验类别	检验方法	模型 1'	模型 2'	模型 3'	模型 4'	模型 5'
空间模型适用性检验	LMLag	6.419 **	5.243 **	6.803 ***	90.365 ***	23.867 ***
	LMError	18.482 ***	16.339 ***	13.815 ***	52.555 ***	19.499 ***
	Robust LMLag	1.122	1.410	0.125	43.778 ***	8.488 ***
	Robust LMError	13.187 ***	12.507 ***	7.136 ***	5.970 **	4.119 **
空间模型形式检验	Wald test（SAR）	24.374 **	31.982 ***	17.065 **	99.013 ***	75.650 ***
	LR test（SAR）	28.506 ***	36.093 ***	21.073 **	103.475 ***	75.960 ***
	Wald test（SEM）	13.813 **	21.721 ***	12.517 *	104.554 ***	74.549 ***
	LR test（SEM）	12.412 **	20.901 **	11.791 *	119.030 ***	75.080 ***
固定与随机效应检验	Hausman test	51.292 ***	37.137 **	15.058 **	1.026	19.406

注：*、** 和 *** 分别表示在 10%、5% 和 1% 水平上显著。

从表 5 - 9 的结果来看，在有效控制内生性问题后，不论是被解释变量地均碳排放的空间滞后项系数，还是核心解释变量的一次项、二次项系数，以及中介变量的系数和空间滞后项系数的显著性和方向均未发生明显改变，说明上述结果有较好的稳健性。

表 5 - 9 模型估计稳健性检验结果

变量	模型 1' 系数	模型 2' 系数	模型 3' 系数	模型 4' 系数	模型 5' 系数
	$\ln CE$	$\ln CE$	$\ln CE$	UR	$ISUI$
$LUI_{i,t-1}$	6.688 ***	6.892 ***	7.023 ***	0.462 ***	0.602 ***
$sLUI_{i,t-1}$	-4.931 ***	-5.118 ***	-5.212 ***	-0.445 ***	-0.520 **
UR	0.512 **		0.490 **		0.640 ***
$ISUI$	-0.846 ***	-0.878 ***		0.037	

变量	模型 1' 系数	模型 2' 系数	模型 3' 系数	模型 4' 系数	模型 5' 系数
	$\ln CE$	$\ln CE$	$\ln CE$	UR	$ISUI$
$\ln EC$	0.093 **	0.118	0.343	− 0.439 ***	− 0.055
$s\ln EC$	− 0.004 **	− 0.011	0.018	0.030 ***	− 0.001
FDI	− 0.010 ***	− 0.009 **	− 0.012 ***	− 0.003 ***	0.003 ***
$\ln EI$	0.835 ***	0.823 ***	0.871 ***	0.022 **	0.039 ***
ES	0.615 ***	0.632 ***	0.614 ***	− 0.033 **	0.022
$\ln TP$	− 0.034 *	− 0.050 **	− 0.027	0.031 ***	0.047 ***
ML_i	− 0.233 **	− 0.205 ***	− 0.174 *	− 0.061 ***	0.163 ***
ρ_{CE}	− 0.271 ***	− 0.259 ***	− 0.206 ***		
ρ_{UR}				− 0.618 ***	
ρ_{ISUI}					0.230 ***
$W \times LUI$	0.138	− 0.835	0.034	1.956 ***	− 0.190
$W \times sLUI$	0.186	1.210	0.109	− 2.144 **	0.226
$W \times UR$	− 0.083 *		− 0.667		− 0.702 ***
$W \times ISUI$	− 1.601 ***	− 1.752 ***		0.148 *	
$W \times \ln EC$	− 1.266	0.231	− 0.355	1.154 ***	− 1.923 ***
$W \times s\ln EC$	− 0.042	− 0.014	0.033	− 0.071 ***	0.114 ***
$W \times FDI$	0.695	0.010	0.006	− 0.009 ***	0.015 ***
$W \times \ln EI$	− 0.022	− 0.050	0.003	− 0.011	0.102 ***
$W \times ES$	0.205	− 0.044	0.142	0.069	− 0.246 ***
$W \times \ln TP$	− 0.015	− 0.047	− 0.013 **	0.031 ***	− 0.023 ***
$W \times ML$	− 0.450 **	− 0.535 **	− 0.478 **	0.133 ***	− 0.112 **
$R - squared$	0.929	0.928	0.926	0.984	0.854
$Sigma^2$	0.015	0.016	0.016	0.001	0.003
$Log-likelihood$	488.148	479.480	469.791	1608.615	1029.858
样本量	690	690	690	690	690

注：* 、** 和 *** 分别表示在 10% 、5% 和 1% 水平上显著。

第五节　本 章 小 结

本章采用 1995~2018 年中国 30 个省级行政区的数据样本，基于空间杜宾模型和中介效应模型等计量分析技术，从空间和多重中介效应视角，对土地集约利用碳排放效应的作用机制和传导路径进行了系统而稳健的检验，得出主要研究结论如下：

（1）土地集约利用的碳排放效应具有多重性，总体来看，土地集约利用与碳排放之间存在倒"U"形曲线关系，在不同的集约利用阶段对碳排放的影响呈现差异性和动态性。土地集约利用水平的拐点值为 0.712，目前中国省级层面土地集约利用水平仍处于倒"U"形曲线的左侧，意味着提升土地集约利用水平的同时会导致碳排放的增加。

（2）从土地集约利用的间接碳排放效应来看，土地集约利用通过城市化和产业结构调整两条路径来间接影响碳排放，其中城市化对碳排放表现为促进作用，产业结构升级对碳排放表现为抑制作用，土地集约利用与两个中介变量之间均存在倒"U"形曲线关系，与两个中介变量关系曲线的拐点值均约为 0.45，充分表明土地集约利用通过中介变量影响碳排放是增减叠加的多重效应，具有复杂性和多变性。

（3）从空间效应来看，土地集约利用对邻近空间单元的城市化和产业结构升级分别表现为空间负溢出效应和正溢出效应，土地集约利用会对邻近空间单元的碳排放表现为间接的抑制效应。地均碳排放的空间溢出效应表现为抑制邻近空间单元碳排放。城市化、产业结构升级、对外开放程度和市场化程度变化等会对邻近空间单元的碳排放产生空间溢出效应，除对外开放程度外，其他变量均表现为空间负溢出效应。

上述研究结论能够有效厘清土地集约利用对碳排放影响的路径演化，揭示了土地集约利用对碳排放的多层次影响，核心问题还是落脚到提升土地集约利用水平上，邻近区域间竞合关系带来的集聚效应、虹吸效应、辐射效应、溢出效应等空间效应使得每个省份都不是孤立的单元，自身的土地集约利用水平和碳排放既会影响邻近空间单元又会受邻近空间单元影响。地均碳排放的空间溢出效应表明一个省份地均碳排放的增加会导致邻近空间单元的碳排放减少，同时，邻近省份城市化进程加快、产业结构升级以及较高的市场化程度对本省份碳排放产生抑制效应，以及邻近空间单元土地集约利用水平提升会通过影响本省的城市化进程和产业结构升级来抑制本省的碳排放。因此，各省份之间协调出台提升土地集约利用水平和碳减排举措，将起到事半功倍的效果，有利于邻近空间单元联手加快实现碳减排和提高土地集约利用水平，助推中国2060年实现碳中和的目标和土地资源的可持续利用。

第六章

土地利用碳排放效率的空间关联网络 *

本章构建了土地利用碳排放效率评价指标体系，采用非期望产出SBM 模型测算了 2002～2019 年中国省域层面土地利用碳排放效率值，基于社会网络分析法探讨了中国省域土地利用碳排放效率空间关联网络的演变特征及其形成机制。本章研究对应"土地利用碳排放效应收敛路径部分"，研究结果为中国省域土地利用碳排放效率协同提升带来了有益启示。

党的二十大报告提出"优化高质量发展的区域经济布局和国土空间体系"及"积极稳妥推进碳达峰碳中和"。当前，以化石能源效率提升和清洁利用为标志的技术性减排潜力不断缩小（赵荣钦等，2022），基于系统视角增加减排空间被广泛提及（Shen et al.，2021）。土地作为不可流动的要素资源，对资本、劳动力和信息技术等流动性生产要素产生"引力"作用，带动了能源的传递和流通，在土地利用类型转变及作为经济发展载体过程中带来了大量的碳排放（Chuai et al.，2016）。提升碳排放约束下的土地利用效率成为促进高质量发展和践行"双碳"目标新时代生态要义的重要路径。

研究表明，不考虑碳排放的土地利用效率测算会高估土地利用的实际生产率（Yang et al.，2020）。近年来，关于土地利用效率的测算研

---

* 本章的主干内容以《中国省域土地利用碳排放效率的空间关联网络演变特征与形成机制》为题，发表在《中国土地科学》2023 年第 10 期。

究多将碳排放纳入考虑，实现了将碳排放作为投入指标（游和远和吴次芳，2010）到非期望产出指标（张苗等，2016）的转换。在低碳经济发展和"双碳"战略时代背景之下，学者们将只包括碳排放作为非期望产出的"碳排放效率"从包含其他非期望产出的"生态效率"研究中单独剥离出来，土地利用碳排放效率也由此作为学术术语被采纳和使用（张苗等，2016）。已有文献对土地利用碳排放效率的区域差异（罗谷松和李涛，2019；张诗嘉等，2021）、动态演进（陈丹玲等，2018）及其影响因素（李国煜等，2020；张诗嘉等，2021）等展开了系统性研究，论证了经济发展水平、产业结构、城镇化率等典型因素对土地利用碳排放效率的影响。进一步地，基于土地利用和碳排放都存在较强的空间互动性的事实（Zhang et al.，2023），学者们采用空间计量模型对不同空间尺度的土地利用碳排放效率进行空间量化与表达，以此探究土地利用碳排放效率的空间集聚特征、溢出效应及其影响因素等（陈真玲等，2017；卢新海等，2018；于斌斌和苏宜梅，2022），并寻求空间层面土地利用碳排放效率的协同提升对策。

传统计量经济学视角下的空间溢出效应探究的是地理上"相近"或"相邻"地区的空间关系，对空间权重矩阵具有较强的依赖性（Yu et al.，2022）。随着信息技术不断发展和交通基础设施不断完善，地区间的联系更多地突破了地理距离限制。由此得出的政策含义往往限于局部，易导致区域政策制定靶向性错误，难以从整体上把握区域间土地利用碳排放效率的空间关联特征，不利于土地调控碳减排目标的全局推进。相较于空间计量总体层面的分析，社会网络分析法以点对点"关系数据"构成的网络为切入点，刻画某一研究对象的空间网络特征（刘军，2019），可更为精准地揭示土地利用碳排放效率地区间的互动规律及其形成机制。尽管已有研究基于"关系数据"对土地利用碳排放（Yu et al.，2022；魏燕茹和陈松林，2021）和碳排放效率（Shen et al.，2021；邵海琴和王兆峰，2021）的空间关联网络结构进行了分析，但仍缺乏对土地利用碳排放效率空间关联网络特征性事实的深入刻画，特别是空间关联网络的动态演进及形成机制分析，难以为区域土地利用碳排放效率的协同提升提供决策支持。

综上，本章采用社会网络分析法构建引力模型刻画土地利用碳排放效率的空间关联网络特征，采用 QAP 回归分析法分析该特征的影响因素，并建立土地利用碳排放效率空间关联网络形成机制的一般分析框架。采用该方法能够有效掌握处于土地利用碳排放效率网络中的核心点和边缘点，明确要素的流出地和流向地，诊断网络形成的障碍因素，为协同提升碳排放约束下我国省域层面土地利用效率提供科学依据。本章提供了基于社会网络分析法研究土地利用碳排放效率空间互动关系的新思路，一方面，采用"关系数据"克服了传统计量分析方法采用"属性数据"的缺陷；另一方面，基于长时间序列数据刻画了中国省域土地利用碳排放效率的空间关联网络演进特征与形成机制。

第一节　研究方法与数据来源

一、研究方法

（一）非期望产出模型

SBM（Slack Based Measure）模型在碳排放作为非期望产出的土地利用效率测算中得到了广泛运用（张苗等，2016）。主要优点在于解决了径向 DEA 模型对无效率的测量无法包含松弛变量的问题。本章构建的土地利用碳排放效率测算的投入指标与产出指标之间主要呈现为非径向关系，SBM 模型作为非导向模型，同时能将碳排放作为非期望产出纳入模型，能够满足研究获得土地利用碳排放效率值的分析目的。故采用托恩（Tone，2001）定义的包含非期望产出的 SBM 模型测算中国省域土地利用碳排放效率（成刚，2021）。

（二）社会网络分析法

土地利用碳排放效率空间关联网络实质是在碳排放约束下，"资本"和"劳动力"等"流动性要素资源"在"非流动性要素资源"土地上基于"外界作用力"而导致的要素集散，进而导致地区间土地利用碳排放效率的空间差异和传导，最终形成点、线、面相结合的复杂空间网络组织。社会网络分析（social network analysis，SNA）采用图论和矩阵方法描述关系模式并探究这些关系模式对结构中成员或整体的影响（刘军，2019），能够刻画出"资本"和"劳动力"等流动性稀缺资源在非流动性稀缺资源"土地"上配置效率的空间网络结构特征，同时又能探究造成这种空间网络结构特征的影响因素。运算过程为：采用修正的引力模型构建二值矩阵，运用中心性分析描述空间网络特征，通过二次指派程序 QAP 探究形成空间关联网络特征的影响因素，并解析形成机制。

1. 空间关联矩阵构建

关系的确定既是构建土地利用碳排放效率空间关联网络的基础，也是量化网络结构特征的关键。考虑到 VAR GRANGER 因果关系法可能会因某个地区效率值连续为 1 造成近奇异矩阵而无法建立正常二值矩阵，本章采用修正的引力模型（赵林等，2021）构建土地利用碳排放效率的空间关联矩阵，具体公式如式（6－1）所示：

$$Y_{ij} = \frac{E_i}{E_i + E_j} \times \frac{E_i \times E_j}{D_{ij}^2 / (g_i - g_j)^2} \tag{6－1}$$

其中，Y_{ij} 为省份 i、j 之间的土地利用碳排放效率的关联强度；E_i 和 E_j 分别为省份 i、j 的土地利用碳排放效率值，$E_i / (E_i + E_j)$ 为计算的引力系数；D_{ij} 为省会城市间的地理距离；$(g_i - g_j)$ 为省份 i、j 的人均 GDP 差值，即经济距离。以矩阵的行均值作为阈值，若引力值大于阈值则取值为 1，表示两省份之间存在土地利用碳排放效率空间关联，反之取 0，表示不存在关联，最终得到土地利用碳排放效率空间关联矩阵 G。

2. 网络特征刻画指标

采用网络关系数、网络密度、关联度、网络效率和网络等级来刻画土地利用碳排放效率的整体网络特征；采用点入度、点出度、度数中心度、中介中心度和接近中心度来刻画其个体网络特征；采用块模型分析进行分类（Yu et al.，2022；刘军，2019）。

3. QAP 回归分析

QAP（Quardratic Assignment Procedure）是一种用来检验关系矩阵之间关系的非参数检验方法，避免了常规参数检验法检验属性变量时存在的内生性问题。采用 QAP 回归分析研究自变量矩阵对土地利用碳排放效率空间关联矩阵（因变量矩阵）的回归关系，解读自变量差异矩阵的显著性，以此作为构建土地利用碳排放效率空间关联网络特征形成机制框架的依据。其基本计量模型为：

$$G = f(x) \tag{6-2}$$

其中，x 代表自变量矩阵，G 为因变量矩阵。

二、指标体系

（一）效率测算指标

以获得碳排放约束下的土地利用效率为导向，本章参考现有文献（张苗等，2016；李国煜等，2020；张诗嘉等，2021；陈丹玲等，2018）构建土地利用碳排放效率的投入产出指标体系（见表 6-1）。其中，固定资本存量采用以 2000 年为基期计算，为保持数据的一致性，将第一、第二和第三产业的 GDP 增加值同样以 2000 年为基期进行修正（张军，2019）。

表 6 – 1   SBM 模型投入产出指标

指标层面	指标类型		基础指标	单位
投入指标	要素投入	资本	固定资本存量	10^8 元
		劳动力	三次产业就业人数	10^4 人
		土地	农用地面积	10^4 公顷
			城镇村及工矿用地面积	10^4 公顷
			交通运输用地面积	10^4 公顷
产出指标	期望产出		第一产业 GDP 增加值	10^8 元
			第二产业 GDP 增加值	10^8 元
			第三产业 GDP 增加值	10^8 元
	非期望产出		碳排放	10^{12} 吨

（二）QAP 自变量矩阵指标

区域差异是影响空间关联紧密程度的重要原因，本章基于土地利用碳排放效率的影响因素差异关系作为自变量矩阵，检验其影响土地利用碳排放效率空间关联网络结构的显著性。自变量矩阵选取如下：（1）现有文献中关于碳排放效率、碳排放的空间网络分析都将地理邻近和经济发展水平差异作为首要影响因素（邵海琴和王兆，2021），结合土地利用碳排放效率空间关联结构的个体网络特征和块模型分析，将地理邻近和经济发展水平差异作为检验的影响因素，分别用省会城市间的地理距离和人均 GDP 表示。（2）土地要素作为不可流动的"稀缺资源"，土地资源禀赋和配置结构差异可能是导致地区间土地利用碳排放效率差异的基础因素，而资本、劳动力等"流动要素"在土地上的投入差异可能是影响土地利用碳排放效率差异的动态可控因素，因此将土地利用结构和土地利用强度差异纳入分析，分别用建设用地面积占比和地均固定资本存量投入表示（张苗等，2018）。（3）在对非期望产出约束的条件下，城市化、产业结构和环境规制等作为传统而被广泛证实的碳排放影响因素，应被考虑为影响土地利用碳排放效率差异的因素，分别用非农人口比率、二三产业产值比值和单位 GDP 工业污染物排放量（王康等，2020）表示。

第二节　空间关联特征分析

一、土地利用碳排放效率测度结果

基于 SBM 模型采用 Stata 软件测算了土地利用碳排放效率值，均值 a 为某年 30 个地区的效率均值，均值 b 为 i 地区 2002~2019 年的效率均值（见图 6-1），研究期内 30 个地区的效率均值为 0.630。从均值 a 来看，中国省域土地利用碳排放效率呈现波浪式下降，由 2002 年的 0.723 降低到 2019 年的 0.472，意味着在研究期内，碳排放作为非期望产出约束和要素投入边际报酬递减的事实，冲抵了技术进步带来的效率提升，反映出提高碳排放约束下的土地利用效率存在较大的阻力。从均值 b 来看，上海、江苏、福建、广东、北京、浙江、湖南、海南、湖北、山东、河南、四川、安徽、河北和广西等省（区、市）具有较高的土地利用碳排放效率（以大于均值 0.630 为标准），主要集中于东部地区经济发达省份；中西部地区省份的土地利用碳排放效率值大部分低于平均值，反映出我国省域土地利用碳排放效率空间差异和空间集聚特征并存。

二、空间关联网络特征

（一）整体网络特征

基于修正的引力模型构建中国省域土地利用碳排放效率的空间关联矩阵，采用 UCINET6.740 软件计算得到网络关系数、关联度、网络密度、网络等级度和网络效率等指标（见图6-2），篇幅所限并考虑到2009年和2019年分别为"二调"和"三调"数据截至点，以2009年和2019年作为代表年份绘制空间关联网络图（见图6-3）。此外，2002~2019年中国省域土地利用碳排放效率的网络关联度均为1，意味着空间关联网络结构具有较好的连通性和稳健性，所有省份均处于空间关联网络当中，相互之间存在明显的空间关联和溢出效应。

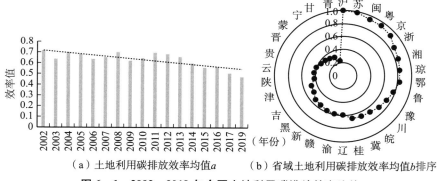

（a）土地利用碳排放效率均值*a*   （b）省域土地利用碳排放效率均值*b*排序

图6-1 2002~2019年全国土地利用碳排放效率均值

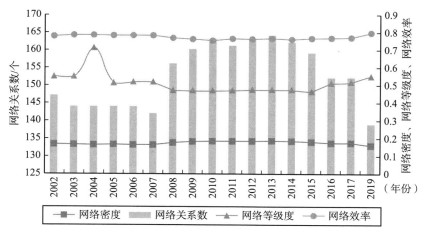

图6-2 2002~2019年土地利用碳排放效率空间关联整体网络特征

由图 6 - 2 来看，网络关系数呈现三个阶段变化：2002～2007 年保持相对低值平稳，2008～2014 年上升为相对高值波动，2015～2019 年逐渐下降为低值波动。在研究期间内，网络密度值最大为 2013 年的 0.189，最小为 2019 年的 0.160，表明中国省域之间存在一定的土地利用碳排放效率关联紧密度；但网络密度较低且呈现阶段动态变化特征，意味着存在着较大的协同提升和优化空间。网络等级度在 2004 年表现为明显高值，表明在 2004 年出现了短暂的等级森严特征；2015～2019 年表现为小幅上升趋势，意味着省域之间等级结构变得明显，会阻碍要素在不同地域间的合理流动。网络效率相对平稳，均在 0.75 之上，反映出空间关联网络具有较强的稳定性，存在较多的溢出渠道。

由图 6 - 3 来看，中国省域土地利用碳排放效率形成了较为复杂的网络结构图，非邻近省份突破传统的地理空间限制而产生跨区联动效应，形成以北京、上海、江苏、浙江等为核心点的核心—边缘空间结构特征。相较于 2009 年，2019 年网络关联增加幅度小于减少幅度，意味着省域之间的网络关联有所减少。总体来看，空间关联网络呈现相对稳定性和动态变化性。

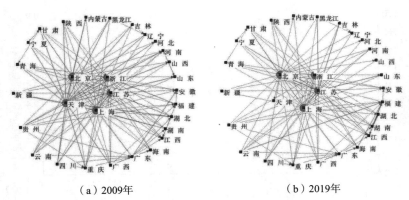

（a）2009年　　　　　　　　（b）2019年

图 6 - 3　2009 年与 2019 年土地利用碳排放效率的空间关联网络

注：2009 年实线部分代表 2019 年减少的网络关联，2019 年实线部分代表 2019 年新增的网络关联。

（二）个体网络特征

采用 UCINET6.740 软件计算得到 2002～2019 年中国省域土地利用碳排放效率空间关联网络中心度数值，考虑到个体网络特征的相对稳定性，以下分析仍基于 2009 年和 2019 年。

（1）度数中心度。通过局部中心度来区分受益主体和溢出主体，通过相对中心度来比较大小变化，整理结果见表 6－2。由局部中心度来看，其一，受益主体分布较为均衡，东中西省份均有涉及，而溢出主体则主要集中在北京、上海、江苏、浙江和广东等东部沿海发达省份，表明在空间关联网络中经济发展水平越高越有利于发挥正向溢出效应，带动其他省份土地利用碳排放效率的提高；其二，从受益主体和溢出主体的省份数量比较来看，受益主体省份数量明显多于溢出主体数量，同时净受益关系体现出北京、上海、江苏、浙江等省份点入度明显高于点出度，这意味着在土地利用碳排放效率空间关联网络中多呈现为"虹吸效应"，各省份都在竞争劳动力、资本等流动要素。由相对中心度来看，2019 年新晋升为核心主导地位的省份为福建和湖南，天津由 2009 年排名第三的核心主导地位变成 2019 年排名倒数第一的边缘位置，不再具备核心特征。同时，辽宁、青海、河南和山东等 4 个省份新增为边缘位置，以西部、中部省份为主的边缘位置省份逐渐向中部、东部扩散，意味着空间关联网络逐渐打破了地理邻近的经济集聚趋势。相对度数中心势指数反映了 2009 年和 2019 年的空间关联网络向某点集中趋势的程度，其中 2009 年为 0.431，2019 年为 0.439，上升 2.33%，意味着 2019 年空间关联网络图的整体中心性更高，效率高地呈现向某些省份集中趋势。

（2）中介中心度。中介中心度数值越高意味着该点可以更多地控制其他行动者，处于网络的核心，拥有较大的权力。表 6－3 整理了 2009 年和 2019 年高于均值的省份，其中，2019 年浙江、天津和重庆不再为网络核心，新增江苏为网络核心，网络核心越来越集聚于发达省份。

表 6 – 2　　　　　2009 年与 2019 年土地利用碳排放效率空间
关联网络度数中心度比较

年份	局部中心度		相对中心度	
	受益主体	溢出主体	核心主导	极度边缘
2009	北京、上海、江西、河南、湖北、湖南、广东、广西、海南、重庆、四川、贵州、云南、甘肃、青海	北京、天津、上海、江苏、浙江、广东	上海、北京、天津、浙江、江苏、广东、江西	吉林、黑龙江、宁夏、河北、山西、陕西、新疆、内蒙古
2019	北京、上海、福建、江西、湖北、湖南、广东、广西、海南、重庆、四川、贵州、云南、甘肃、青海	北京、上海、江苏、浙江、福建、江西、广东	上海、北京、江苏、浙江、广东、福建、江西、湖南	吉林、宁夏、辽宁、青海、黑龙江、河南、陕西、新疆、山东、河北、山西、内蒙古、天津

注：受益主体是指点入度大于均值的省份，溢出主体是指点出度大于均值的省份；高于均值作为核心主导地位的衡量标准，低于 0.1 作为衡量处于极度边缘位置的标准；顺序体现排序。

表 6 – 3　　　　2009 年和 2019 年土地利用碳排放效率空间关联网络
中介中心度和接近中心度比较

年份	标准	中介中心度	接近中心度	
			入中心度	出中心度
2009	高于均值	上海、广东、江西、北京、贵州、浙江、天津、重庆	上海、北京、天津、浙江、江苏、安徽、江西、河南、福建、山东、湖北、河北、山西、内蒙古、广东	云南、甘肃、广东、重庆、贵州、青海、辽宁、四川、吉林、黑龙江、宁夏、广西、江西、湖南、海南
2019	高于均值	上海、北京、广东、江西、江苏、贵州	北京、上海、江苏、浙江、福建、江西、安徽、湖北、天津、河北、山西、内蒙古、山东、广东、湖南	四川、青海、黑龙江、云南、广东、贵州、江西、湖南、广西、海南、重庆、甘肃、吉林、宁夏、辽宁、湖北

注：顺序体现排序。

（3）接近中心度。一个点的入接近中心度越大，说明其他点到这个点越容易；出接近中心度越大，说明这个点到其他点越容易，该点不是网络的核心点。由表6-3可知，入接近中心度高的省份主要集中在东部发达省份，而出接近中心度高的省份正好相反，主要集中于西部欠发达省份。

通过上述结果，有效判断出了处于空间关联网络中的核心点和非核心点，其中东部发达省份在信息资源、权力、声望及影响方面较强，而西部欠发达省份处于弱势，在网络核心关系上呈现东部＞中部＞西部。从时间趋势来看，该特征在2002~2019年动态变化相对稳定。

（三）块模型分析

块模型分析是对社会角色的描述性代数分析（刘军，2019）。采用UCINET6.740软件运用CONCOR方法，选择最大分割密度为2，收敛标准为0.2，将30个省份划分为4个板块。参照文献划分标准（张军和章元，2003），将各板块接受关系比例和内部关系比例划分为双向溢出、净受益、净溢出和经纪人四大板块，根据发出关系数和接受关系数可判断板块与板块之间的互动关系。其中，双向溢出板块成员与外界成员联系相对较少；净受益板块成员既接受来自外部成员的关系，也有来自自身成员的关系；净溢出板块成员与其他位置成员之间的关系比自己成员之间的关系多；经纪人板块成员既发送也接受外部关系，内部成员之间的联系比较少（刘军，2019）。以2009年和2019年为例解读中国省域土地利用碳排放效率形成的板块间的空间关联（见图6-4）。

由图6-4可得，2019年，在成员空间分布上，净受益板块和经纪人板块成员为北京、长三角和珠三角地区的发达省份，双向溢出板块成员主要位于东北、津冀、黄河中下游地区，净溢出板块成员主要为长江中下游、西北和西南地区的中西部欠发达省份；在板块间互动上，板块Ⅰ与其他三个板块均有互动，接受板块Ⅳ关系数占绝对比重，外部发出关系较少，说明北京、上海、江苏和浙江成为资金、劳动力以及信息技术等要素的流入地，接受了大量其他板块特别是中西部地区省份的要素溢出，成为空间关联网络中的受益方，也因此称之为净受益板块；对比来看，净溢出板块Ⅳ发出关系总数为74，而接受关系总数仅为14，意味着大量的中西部欠发达省份为要素资源流出地，成为空间关联网络中的亏损方；经纪人板块Ⅱ成员数量较少且发送关系数和接受关系数比重较低，与板块Ⅰ、Ⅳ存在互动关系，意味着溢出效应更多的是直接效应而非间接效应；板块Ⅲ仅与板块Ⅰ发生互动，意味着东北和华北地区省份发挥溢出效应的范围相对有限，局限于北京和长三角地区，并仅接受了该地区省份的溢出效应。对比2009年，2019年各板块成员保持相对稳定，成员变化集中于净受益和经纪人板块，尤其是东部地区省份。其中，天津不再为净受益板块成员，浙江和江苏由经纪人板块调整为净受益板块，福建由净溢出板块调整为经纪人板块，说明东部地区省份活跃度更高，要素资源的吸引力增加。从板块间互动联系来看，主要表现为净溢出板块对经纪人板块发送关系数减少，对净受益板块成员发送关系数增加。

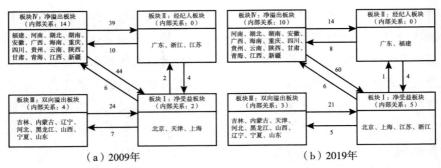

图6-4 土地利用碳排放效率空间关联网络四大板块成员构成与互动关系

综合分析，在板块成员数量上，净溢出板块和双向溢出板块成员数量占绝对比重，意味着空间关联网络中多数成员以要素输出为主，而土地利用碳排放效率较高省份发挥"溢出效应"十分有限，存在大量的流动要素资源向少数省份集聚的特征；在板块内部关系上，存在板块内部成员之间缺乏联系的特征，如经纪人板块内部关系为0。

第三节 进一步讨论：形成机制

一、QAP 回归分析

借助 UCINET6.740 软件采用 QAP 回归分析法识别中国省域土地利用碳排放效率空间关联网络的影响因素。考虑到该空间网络关联的相对稳定性，以及与上述分析中样本年份的对应性，选取 2002 年、2009年、2015 年、2019 年的因变量矩阵和自变量矩阵进行回归，设置随机置换次数为 5000，得到 QAP 回归分析结果（见表 6 - 4）。由表 6 - 4 可知，调整后的 R^2 在 0.218 ~ 0.231 之间较小幅度浮动，表明构建的 7 个自变量差异矩阵因素可以稳定地解释中国省域土地利用碳排放效率空间关联效应 20% 以上。

表 6 - 4　　土地利用碳排放效率空间关联网络 QAP 回归结果

变量	2002 年		2009 年		2015 年		2019 年	
	标准化系数	P 值	标准化系数	P 值	标准化系数	P 值	标准化系数	P 值
DL	- 0.176	0.000	- 0.157	0.000	- 0.174	0.000	- 0.142	0.001
GDP	- 0.629	0.001	- 0.550	0.000	- 0.382	0.001	- 0.510	0.000
LS	- 0.060	0.158	- 0.169	0.007	- 0.155	0.011	- 0.040	0.208
LI	0.165	0.091	0.178	0.024	0.084	0.154	0.138	0.020
CR	0.114	0.075	0.104	0.171	- 0.003	0.480	- 0.064	0.168
IS	- 0.005	0.433	- 0.026	0.271	0.006	0.437	0.025	0.272
ER	—	—	0.001	0.491	- 0.005	0.440	- 0.016	0.299
$Adj - R^2$	0.218		0.228		0.220		0.231	

注：因《中国环境年鉴》从 2005 年开始记录，故缺少 2002 年环境规制作为自变量的回归系数。

由表 6-4 可知,地理距离和经济发展水平差异因素在研究期内表现出稳定的显著负向影响,其他因素的显著性呈现阶段性变化,具体来看:

(1)地理距离(DL)的回归系数显著为负,意味着地理距离加大会阻碍土地利用碳排放效率空间关联网络的形成。地理距离越近的省份空间传导和扩散更频繁,容易建立空间网络关联关系,这与现有基于"关系数据"的实证研究结果相吻合(邵海琴和王兆峰,2021)。同时,该结果印证了块模型分析中板块成员以地理邻近抱团为主,地理距离增加会阻碍流动要素资源的传递和流通。

(2)经济发展水平(GDP)的回归系数显著为负,说明省域之间经济发展水平差异越小越有利于土地利用碳排放效率空间关联网络的形成。在市场机制的作用下,资本和劳动力等流动要素更容易发生在经济水平相近的地区。从标准化系数大小来看,经济发展水平差异的影响由 2002 年的 0.629 降低到 2019 年的 0.510,该降低趋势反映出中国省域间经济发展水平差异缩小的事实,且越来越有利于促进土地利用碳排放效率空间关联网络的形成。

(3)土地利用结构(LS)和土地利用强度(LI)呈现出交替反向影响,前者表现为"不显著—显著负向—不显著",后者表现为"显著为正—不显著—显著为正"的阶段性变化。在土地利用碳排放效率空间关联网络的形成初期,资本和劳动力等流动要素在某些省份快速"集聚",省域间土地利用强度差异增大,促进了土地利用碳排放效率空间关联网络的形成。根据土地报酬递增递减规律,流动要素资源由"集聚饱和"转为"分散均衡",先发获得流动要素资源的省份逐渐发挥"溢出效应";根据结构决定功能理论,资本和劳动力首先流向土地利用结构差异小的省份。由此,此阶段土地利用结构差异发挥显著影响,差异越小越有利于土地利用碳排放效率网络的形成。当"溢出效应"充分发挥,土地利用结构差异不再具有显著影响。然而,随着信息技术的不断发展,新型的流动要素资源再次在特定省份"集聚",土地利用强度和土地利用结构差异再次交替反向影响。QAP 回归结果显示 2015 年为出现交替的时间点，这与 2015 年空间关联网络变化相对应。

（4）城镇化（CR）进程在研究前期表现为显著的正向影响，后期不再显著。研究期内，省域之间的城镇化差异先增大后缩小，在差异增大时期，资本和劳动力快速流向城镇化进程较高的省份，促进了土地利用碳排放效率空间关联网络的形成；在差异缩小时期，要素资源流动速度减缓甚至停滞，对空间关联网络的形成不再具有显著作用。

（5）产业结构（IS）和环境规制（ER）因素在研究期内未表现出显著影响。在实证检验中，分别采用第二、第三产业 GDP 增加值比值和第二、第三产业 GDP 增加值之和占比的差异矩阵作为产业结构的自变量矩阵，但显著性和系数大小均没有明显改变；环境规制因素的加入也没有明显改变其他自变量的显著性和大小。这意味着研究期内产业结构调整和环境规制并未对碳排放这个非期望产出产生明显的约束作用。事实上，我们期望省域间具有较小的产业结构差异和环境规制差异，以此避免碳排放在省域间的转移；通过产业结构调整带动能源结构调整、环境规制倒逼技术创新等手段带来碳排放的实际减少。

二、形成机制解析

由 QAP 回归结果可知，中国省域土地利用碳排放效率的空间关联受地理距离、经济发展水平差异等稳定性因素，以及土地利用结构、土地利用强度及城镇化差异等阶段性因素的综合影响，这导致了省域间土地利用碳排放效率存在空间差异。在厘清土地利用碳排放效率内涵（李国煜等，2020；张苗，2017）和梳理空间相互作用理论基础上，借鉴相关文献（赵林等，2021；吉雪强等，2023）将前文所述的"外界"作用力总结为土地资源禀赋差异、市场机制调节、政府宏观调控和信息技术进步。省域间土地资源禀赋的差异是空间网络形成的"源动力"，在市场机制作用和经济效益最大化的驱动下，各类资源要素不断流入土地开发利用边际效益高的省份，形成具备率先发展的优势核心地区，在空间网络中表现为土地利用碳排放效率较高的节点，同时也会剥离出边缘区。土地政策是政府宏观调控的有效手段，作为土地所有权的行使方，政府在国家经济高质量发展和"双碳"战略的时代背景下，通过控制性分配建设用地指标以及导向性干预土地出让，对流动要素的流向产生有导向和有约束的调节控制作用，由此促进了区域发展的均衡性，形成多个节点和众多连线组成的土地利用碳排放效率空间关联网络。加之信息时代发展和交通基础设施的不断完善，为流动要素资源在城市间的聚合与扩散提供了通道，打破了传统"地理邻近"区域联系紧密的局面，非"地理邻近"省域的互动更加频繁，带来了土地利用碳排放效率的空间传导，最终形成了错综复杂的土地利用碳排放效率空间关联网络。将上述中国省域土地利用碳排放效率空间关联网络的形成机制总结为图 6-5 所示的理论框架。

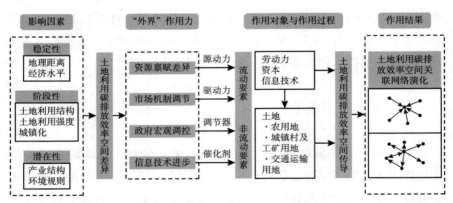

图 6-5　土地利用碳排放效率空间关联网络形成机制

第四节　本章小结

本章构建了土地利用碳排放效率评价指标体系，采用非期望产出 SBM 模型测算了 2002~2019 年中国省域土地利用碳排放效率值，基于社会网络分析法探讨了中国省域土地利用碳排放效率空间关联网络的演变特征及其形成机制。主要研究结论如下：

（1）从时序变化来看，2002～2019年中国省域土地利用碳排放效率呈波浪式下降，提高碳排放约束下土地利用效率的紧迫性和重要性并存；从空间分布来看，东部地区具有较高的土地利用碳排放效率值，中西部地区效率值较低，空间差异与空间集聚特征并存。

（2）从整体网络特征来看，形成了以北京、上海、江苏和浙江等为核心点的"核心—边缘"空间结构特征，网络密度呈现阶段动态变化，网络效率相对平稳，2005～2019年等级结构更加明显，存在着较大的协同提升和优化空间。从个体网络特征来看，2002～2019年动态变化相对稳定，受益主体分布均衡且广泛，溢出主体集中于北上广和江浙等东部发达省份同时净受益关系明显，空间关联网络中主要呈现"虹吸效应"；东部发达省份在信息资源、权力、声望及影响方面优势明显，在网络核心关系呈现上东部＞中部＞西部。

（3）块模型结果显示，净受益板块和经纪人板块成员为北京、长三角和珠三角地区的发达省份，双向溢出板块成员主要位于东北、津冀、黄河中下游地区，净溢出板块成员主要为长江中下游、西北和西南地区的中西部欠发达省份。中国省域土地利用碳排放效率的空间关联网络中，多数成员以要素输出为主，表现为大量的流动要素资源向少数省份集聚的特征；省际间溢出效应远小于区域间溢出效应，且主要表现为直接效应，东北和华北地区省份发挥溢出效应的范围最小。

（4）从形成机制来看，中国省域土地利用碳排放效率空间关联网络的形成和演变受资源禀赋差异、市场机制调节、政府宏观调控和信息技术进步四种机制的影响。QAP回归结果表明，地理距离和经济发展水平差异越大越不利于空间关联网络的形成，土地利用结构和土地利用强度差异在空间关联网络形成中发挥交替反向影响，城镇化差异呈现为阶段性显著正向影响，产业结构和环境规制差异影响不明显。

本章尝试将社会网络分析法应用在土地利用碳排放效率的空间互动关系研究上，但仍存进一步拓展空间：一是土地利用碳排放效率值应该追求更加精确的排序，如采用超效率 SBM 模型以克服效率值截尾的不足；二是社会网络分析法中的整体网络特征、个体网络特征、块模型等已在各领域得到了广泛运用，需探索该方法的深入应用，如"凝聚子群""小世界"等，以此探究事物更加全面的空间互动关系。

第七章

城市建设用地碳排放效率的空间关联网络[*]

本章以山东省为研究区域，探讨了地级市层面碳排放约束下的建设用地利用效率的空间关联特征及其影响因素，对于协同提升区域间的建设用地碳排放效率，进而提升土地资源配置效率和推动绿色低碳发展具有重要意义。本章研究提供了基于"关系数据"刻画土地利用碳排放效率空间网络特征的"齐鲁样本"，证实优化建设用地碳排放效率空间关联网络，有助于协同提升城市建设用地碳排放效率以利于土地利用调控碳减排。

党的十九届五中全会提出推动绿色低碳发展、提高资源利用效率的目标，低碳发展的核心在于提升资源和能源利用效率（陈迎，2021）。土地作为经济活动的基础载体，通过其固定属性吸附资本、劳动力等流动要素，推动能源资源重新配置，但也因土地利用方式转变和开发强度提升导致大规模碳排放（政府间气候变化专门委员会，2014；杨皓然等，2021）。因此，提升土地利用效率成为碳减排的重要途径。研究表明，忽略碳排放的土地利用效率测算会高估实际生产率（Campbell et al.，2000），近年研究多将碳排放纳入测算，从投入指标（YANG et al.，2020）转向非期望产出指标（游和远等，2012），并逐步改进测算方法，如结合 Bootstrap 技术的 Malmquist 指数（崔玮等，2016）、基于

---

* 本章的主干内容以《城市建设用地碳排放效率空间关联网络特征及影响因素分析——以山东省为例》为题，发表在《资源开发与市场》2023 年第 11 期。

DEA 的 SBM 模型（张苗等，2016；罗谷松等，2019）等。学者们还探讨了土地利用碳排放效率的区域差异、动态演进及影响因素（胡碧霞等，2018；李国煜等，2020），并采用空间计量模型分析其空间集聚特征（张诗嘉等，2021）和溢出效应（陈真玲等，2017）。

然而，现有研究多局限于"相邻"或"相近"地区的空间关系，难以全面把握区域间土地利用碳排放效率的空间关联特征，且传统空间计量方法无法揭示"关系"影响效应，易导致政策靶向性错误。基于"属性数据"的分析也难以刻画整体网络结构特征，而"关系数据"更具学术价值。社会网络分析法在能源消费（刘华军等，2016）、碳排放（张德钢等，2017）等领域的应用为研究提供了新思路。建设用地作为最大碳源用地（张苗等，2016），适合作为研究土地利用碳排放效率空间关联网络的典型代表。本章以山东省为例，运用 SBM 模型测算2003~2019 年 17 个地市建设用地碳排放效率，并通过修正的引力模型确立空间关联关系，结合社会网络分析法探讨其空间关联网络的整体特征、演变趋势及影响因素，研究成果为构建跨区域建设用地碳排放效率协同提升机制、推动国土空间治理与碳中和目标的融合提供了科学依据。

第一节　理 论 基 础

在土地利用碳排放效率内涵基础上（李国煜等，2020；张苗等，2017），本节定义城市建设用地碳排放效率为实现城市建设用地开发利用的经济和社会产出最大化的同时，尽可能减少碳排放。建设用地是最大的碳源用地，承载了人类活动带来的大量能源消耗和碳排放。在所有土地利用类型中，建设用地与经济增长、城市化和产业结构的关系最为紧密，具有代表性和典型性。这些因素为城市建设用地碳排放效率空间关联网络的形成提供了基础。

城市建设用地碳排放效率空间关联网络是土地利用区域化的重要组

成部分，其实质是在碳排放约束下，"资本"和"劳动力"等"流动性要素资源"在"非流动性要素资源"建设用地上基于资源禀赋差异、市场机制调节和政府宏观调控等作用力而导致的要素集散，最终形成点、线、面相结合的复杂空间网络组织。城市间土地资源禀赋的差异带来可转为建设用地开发利用多寡的差异，在市场机制作用和经济效益最大化的驱动下，各类资源要素不断流入建设用地开发利用边际效益高的城市，形成具备率先发展的优势核心地区，在建设用地碳排放效率空间网络中表现为建设用地碳排放效率较高的节点，同时也会剥离出边缘区。土地政策作为政府宏观调控的有效手段，同时政府作为土地国家所有权的行使方，在国家经济高质量发展和"双碳"战略的时代背景下，通过对建设用地指标的控制性分配和土地出让导向的干预，对流动要素的流向产生有向和有约束的调节控制作用，促进了区域发展的均衡性，形成了多个节点和众多连线组成的城市建设用地碳排放效率空间关联网络。

在土地资源禀赋差异和市场机制带来的要素资源自发流动和政府宏观调控带来的有向调节和有约束控制的共同作用下，加之信息时代伴随交通基础设施的不断完善，为流动要素资源在城市间的聚合与扩散提供了通道，打破了传统"地理邻近"城市联系紧密的局面，非"地理邻近"城市的互动更加频繁，最终形成了错综复杂的城市建设用地碳排放效率空间关联网络。

第二节　研究方法与数据来源

一、测度模型与方法

关于 SBM 模型在土地利用碳排放效率测算中的应用及其优势，参见第六章第二节。本节采用托恩定义的包含非期望产出的 SBM 模型测算土地利用碳排放效率（Tone，2001；成刚，2021）。

社会网络分析（social network analysis，SNA）通过图论和矩阵方法，能够有效刻画这一网络特征，并揭示其形成的影响因素。具体分析过程包括利用修正的引力模型构建二值矩阵，通过中心性分析描述网络特征，并借助二次指派程序（Quadratic Assignment Procedure，QAP）探究影响网络结构的关键因素及其作用机制。空间关联矩阵的构建是研究建设用地碳排放效率空间网络的基础。本章采用修正的引力模型构建山东省地级市建设用地碳排放效率的空间关联矩阵，具体模型公式参考第六章第二节。基于 QAP 回归分析方法，本节构建了一个计量模型来检验影响土地利用碳排放效率空间关联网络结构的因素。考虑到多种潜在影响因素，模型进一步扩展为：

$$G = f(GN, GDP, LS, LI, GR, IS, ER) \qquad (7-1)$$

其中，GN、GDP、LS、LI、CR、IS 和 ER 分别代表地理邻近、经济发展差异、土地利用结构差异、土地利用强度差异、城镇化差异、产业结构差异和环境规制差异等自变量矩阵。

这个扩展模型旨在全面分析各因素对建设用地碳排放效率和空间关联网络结构的影响程度和显著性。选择这些自变量是基于现有文献的研究（刘军，2019；赵林等，2021），特别是关于碳排放效率和碳排放的空间网络分析（张德钢等，2017；邵海琴等，2021），这些研究将地理邻近和经济发展水平差异视为首要影响因素。同时，考虑到建设用地的特殊性及其对碳排放的影响，本研究还纳入了土地资源禀赋、建设用地配置、城市化、产业结构和环境规制等因素，以全面评估它们对建设用地碳排放效率空间关联网络的影响。

二、指标体系与数据来源

（一）效率测度指标

在参照土地利用碳排放效率（游和远等，2010；赵林等，2021），土地利用结构碳排放效率（范建双等，2018），城市建设用地开发强度碳排放效率（张苗等，2016）及碳排放约束下城镇建设用地效率（李国煜等，2020）等文献指标构建基础上，基于新古典经济学增长理论，将资本、劳动力和土地界定为投入要素，在选取量化指标时，体现出建设用地在城市经济社会活动中的承载功能和要素生产功能，分别选取地均固定资本存量、地均二三产业就业人数和建设用地面积作为量化指标，为减少地区间土地资源禀赋差异带来的测算偏差，土地要素采用建设用地面积与市区面积之比；将 GDP 和碳排放分别界定为期望产出和非期望产出，分别选取地均二三产业产值和地均化石能源消耗碳排放作为量化指标，选取二三产业要素投入和产出，以及采用建设用地面积"地均化"以区分第一产业要素投入和产出在农用地上发生的事实。其中，固定资本存量的测算方法采用对资本存量 K 进行估计的计算方法（张军，2003；张军，2004），以 2003 年为基期，具体为：本期的物质资本存量 = 上期物质资本存量 ×（1% ~9.6%）+ 本期固定资产形成总额。具体指标设计见表 7 − 1。

表 7 − 1   **SBM 模型投入产出指标**

指标方向	投入与产出	指标含义	单位
投入指标	资本	地均固定资本存量	万元/平方千米
	劳动力	地均二三产业就业人数	人/平方千米
	土地	建设用地面积/市区面积	%
产出指标	期望产出	地均二三产业产值	亿元/平方千米
	非期望产出	地均碳排放	10^4 吨 CO_2/平方千米

（二）网络特征刻画指标

本章借鉴已有文献（刘华军等，2015；张德钢等，2017；赵林等，2021），采用网络关系数、网络密度、关联度、网络效率和网络等级来刻画山东省建设用地碳排放效率的整体网络特征；采用点入度、点出度、度数中心度、中介中心度和接近中心度来刻画其个体网络特征；并采用块模型对城市进行分类。限于篇幅，具体指标含义参见文献（刘军，2019）。其中，本章建立的建设用地碳排放效率空间网络是有向的，故度数中心度和接近中心度有入度和出度之分；块模型的划分借鉴沃瑟曼等开发的评价内部关系的指标体系（张德钢等，2017）（见表 7-2）。

表 7-2　　　　　　　　　块模型的板块划分

位置内部关系的比例	位置接收到的关系比例	
	≈0	>0
实际内部关系比例≥期望内部关系比例	双向溢出板块	净受益板块
实际内部关系比例≤期望内部关系比例	净溢出板块	经纪人板块

注：期望内部关系比例等于（g_k-1）/（$g-1$），g_k 表示某板块中的成员数目，g 表示整个网络中的成员数目；实际内部关系比例为板块发送的内部关系数/板块发送的全部关系数。

（三）QAP 回归分析指标矩阵

自变量指标含义和矩阵构建方式见表 7-3。

表 7-3　　　　　　　　自变量指标含义与矩阵构建方式

矩阵名称	指标含义与单位	矩阵构建方式
地理邻近	两个城市间的地理距离/千米	以行均值为阈值，大于阈值取 1，反之取 0
经济发展差异	人均 GDP/元	以城市差值构建矩阵
土地利用结构差异	建设用地面积区位熵[①] $Q = P_{类1}/P_{类2}$	以城市差值构建矩阵
土地利用强度差异	地均固定资本存量投入/万元/平方千米[2]	以城市差值构建矩阵
城镇化	非农人口比率/%	以城市差值构建矩阵

矩阵名称	指标含义与单位	矩阵构建方式
产业结构差异	三二产业产值比值/%	以城市差值构建矩阵
环境规制差异	单位 GDP 污染物排放量[②]/吨/万元	以城市差值构建矩阵

注：①$P_{类1}$ 代表某市建设用地面积与山东省建设用地面积之比，$P_{类2}$ 代表某市市区面积与山东省市区面积之比，Q > 1 则具有区位意义；②污染物排放量参考文献环境规制对碳排放时空格局演变的作用路径研究——基于东北三省地级市实证分析（王康等，2020）主要统计工业废水、工业二氧化硫和工业烟尘排放量，单位 GDP 排放量越大，意味着环境规制越低。

（四）数据来源与说明

基于碳排放数据可获得性的考虑，本章以山东省设区市为研究单元。除碳排放和地理距离数据外，所有指标数据来源于《中国城市统计年鉴》（2004～2020），根据指标定义直接或间接测算获得，个别年份缺失数据以《山东省统计年鉴》（2004～2020）为依据查缺补齐。2019年1月1日，莱芜划归济南，2019年莱芜数据和其他缺省数据以插值法补齐，并将济南市 2019 年数据剔除莱芜部分，以此保证研究时期内样本数量的一致性和数据的连续性。涉及资本和 GDP 产值的数据均以 2003 年为基期进行修正，自变量矩阵数据的量纲不会对结果造成影响，故未进行标准化处理。

其中，关于碳排放数据说明如下。受制于原始数据的可得性以及碳排放系数法的简单有效性，城市级的碳排放数据的获取则无法用传统的排放系数法进行计算。有学者尝试使用夜间灯光数据进行反演模拟市级或其以下行政区的碳排放足迹（杜海波等，2021；吕倩等，2020；苏泳娴等，2013）。但其方法过分地依赖于灯光数据及其与二氧化碳排放之间的相关性，还有灯光数据本身存在的固有缺陷（过饱和，背景噪声和不连续等）导致其应用场景无法被广泛接受。本章采用由奥达和马克西尤托夫（Oda & Maksyutov，2018）推演的开源人为碳排放空间网格月度数据集（ODIAC），在对其数据进行验证比对之后，发现是目前为止国际上做得比较好的数据集之一。通过对其裁剪、合成和抽取出中国碳排放年度 Excel 和栅格数据①，故本章采用的碳排放数据为化石燃料燃烧 CO_2 排放量的空间网格化数据。地理距离数据是根据城市经纬度采用 Matlab 计算而得。

第三节　结果与分析

一、空间关联网络特征

(一) 空间分布格局

本章采用 MAXDEA Ultra 软件测算了山东省 17 个地级市 2003 ~ 2019 年建设用地碳排放效率值。测算结果显示，研究期内山东省市域层面建设用地碳排放效率呈现显著提升态势，效率均值从 2003 年的 0.462 上升至 2019 年的 0.592。为深入分析效率时空演变特征，研究选取 2003 年、2009 年、2015 年和 2019 年四个典型年份，将效率值划分为有效 (数值为 1)、高效率值 (≥0.5) 和低效率值 (<0.5) 三个等级，并绘制空间分布格局图 (见图 7 – 1)。

通过时空分析发现：第一，从时序演变来看，建设用地碳排放效率有效城市和高效城市的数量持续增加，表明 2003 ~ 2019 年山东省建设用地碳排放效率呈现显著上升趋势。第二，从空间格局来看，建设用地碳排放效率有效和高效率值城市呈现由西向东梯度优化特征，逐步向山东半岛城市群集聚。至 2019 年，除潍坊市外，山东半岛城市群所有城市均达到高效率水平，其中新旧动能转换综合试验区的三大核心城市——济南、青岛和烟台表现尤为突出。值得注意的是，东营市在整个研究期内始终保持有效状态。在样本考察期内，山东省城市建设用地碳

① 数据集自动遵守 CC BY 4.0 许可协议，官方网站 (ODIAC Fossil fuel emission dataset)。

排放效率值的整体提升得益于山东的资源禀赋和产业基础，这也决定了山东必须靠工业特别是制造业、农业和海洋经济三大实体经济立省（黄少安，2022），建设用地作为山东发展实体经济的场所载体，随着劳动力、资本和技术等生产要素的不断投入，必然会带动建设用地利用效率的提升，同时在推进低碳经济发展和环保技术日新月异的时代背景下，山东省城市建设用地碳排放效率不断提升。空间局部变化则关联于山东区域发展战略，从21世纪初至今，不论是之前的"东中西"思路，还是后来的"北中南"一体两翼思路，山东半岛蓝色城市群、省会城市经济圈、黄河三角洲高效生态经济区以及鲁南经济带都是被不断强调的重点发展区域，而这有力地促进了劳动力、资本和技术等生产要素的定向聚集，带动了这些地区城市建设用地碳排放效率的提升。该结果与2006～2018年黄河中下游城市群土地利用生态效率中形成以济南和青岛为核心的山东半岛城市群高效率区的结论相一致（张诗嘉等，2022）。

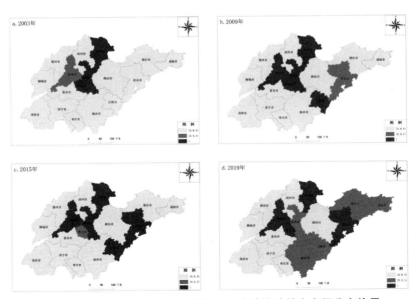

图7-1　2003～2019年山东省建设用地碳排放效率空间分布格局

（二）整体网络特征

根据修正的引力模型构建山东省建设用地碳排放效率的空间关联矩阵，采用 UCINET 6.740 软件计算得到网络关系数、关联度、网络密度、网络等级度和网络效率等指标，保持与空间分布格局年份分析的一致性，选取 2003 年、2009 年、2015 年和 2019 年作为代表年份绘制空间关联网络（见图 7－2）和 2003～2019 年整体网络特征指标趋势（见图 7－3）。其中，2003～2019 年山东省建设用地碳排放效率网络关联度均为 1，表明山东省建设用地碳排放效率的空间关联网络结构具有较好的连通性和稳健性，所有地级市均处于空间关联网络当中，存在明显的空间关联和溢出效应。

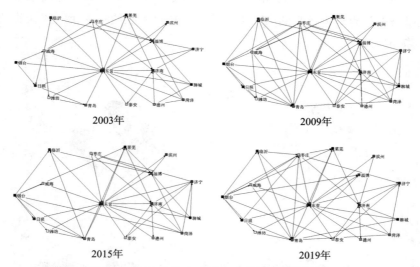

图 7－2　2003～2019 年山东省建设用地碳排放效率的空间关联网络

由图 7－2 可知：山东省建设用地碳排放效率的空间关联呈现出较为典型的日趋复杂的网络结构形态，非邻近地市突破传统的地理空间限制而产生跨区域联动效应，逐渐形成以济南、东营、青岛为多核心点的核心—边缘的空间结构特征。

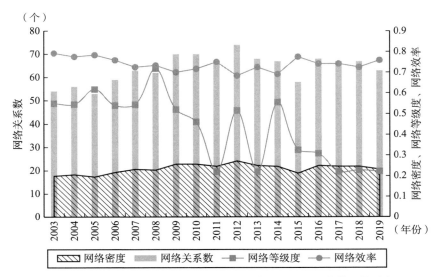

图 7 – 3　2003 ~ 2019 年山东省建设用地碳排放效率的整体网络特征

由图 7 – 3 可知：（1）网络密度从 2003 年的 0.199 上升到 2019 年的 0.232，网络关系数由 2003 年的 53 个增加到 2019 年的 63 个，两者总体上呈现波动上升趋势，表明投入在建设用地上的资本、人才等要素的空间流动性不断增强，城市之间建设用地产出的联系日益紧密。但在样本考察期内，网络密度值相对较低，关联网络的紧密程度并不高，表明建设用地碳排放效率的空间互动和溢出效应仍然薄弱，协同提高建设用地碳排放效率存在较大空间。（2）网络等级度由 2003 年的 0.548 波动下降至 2019 年的 0.222，表明山东省建设用地碳排放效率不存在等级森严的现象，呈现"扁平化"特征的等级结构，网络结构逐步优化，表现为多个城市在网络中起到主导和支配地位，发挥出影响力，其中，2008 ~ 2015 年网络等级度波动显著，是研究期内由高等级度向低等级度转变的关键转型阶段，亦可视为网络结构的优化调整期。这一现象表明，该时期城市间要素流动竞争加剧，城市互动显著增强。值得注意的是，山东省自 2008 年起启动了规模空前的交通基础设施建设，在短短 7年内新增通车里程约 2800 公里。这一大规模"造路行动"不仅为建设用地碳排放效率空间关联网络的形成提供了重要的通道支撑，同时也推动了多个城市在网络中影响力的提升。（3）网络效率从2003年的0.792略微降低到2019年的0.758，反映出关联网络中存在较多的溢出渠道，建设用地碳排放效率在城市间的传导和溢出成本降低，网络结构的稳定性逐渐增强。

（三）个体网络特征

考虑到政策制定参考信息的时效性和个体网络特征的相对稳定性，以2019年为例分析中心性指标，以各个指标均值作为评价标准（见表7-4）。

表7-4　　2019年山东省建设用地碳排放效率空间关联的网络中心性指标

城市	度数中心度				中介中心度		接近中心度			
	点入度	点出度	中心度	排序	中心度	排序	入中心度	排序	出中心度	排序
济南	8	4	0.375	4	0.094	3	0.615	3	0.333	12
青岛	8	6	0.438	2	0.141	2	0.571	5	0.400	6
淄博	3	1	0.126	13	0.001	14	0.533	6	0.271	17
枣庄	8	5	0.407	3	0.088	4	0.640	2	0.400	7
东营	13	5	0.563	1	0.155	1	0.842	1	0.348	11
烟台	2	8	0.313	5	0.050	6	0.296	14	0.444	1
潍坊	3	2	0.157	10	0.014	9	0.533	7	0.327	13
济宁	2	4	0.188	8	0.006	11	0.421	11	0.364	9
泰安	3	4	0.157	11	0.005	12	0.444	10	0.314	14
威海	1	4	0.157	12	0.001	15	0.232	15	0.410	4
日照	2	4	0.188	9	0.071	5	0.390	12	0.410	5
莱芜	5	4	0.282	6	0.049	7	0.593	4	0.390	8
临沂	3	4	0.188	7	0.019	8	0.533	8	0.364	10
德州	1	2	0.094	15	0.002	13	0.390	13	0.314	15
聊城	0	3	0.094	16	0.000	16	0.143	16	0.421	3

城市	度数中心度				中介中心度		接近中心度			
	点入度	点出度	中心度	排序	中心度	排序	入中心度	排序	出中心度	排序
滨州	1	2	0.094	17	0.009	10	0.471	9	0.314	16
菏泽	0	4	0.125	14	0.000	17	0.143	17	0.444	2
均值	3.706	3.706	0.232	—	0.041	—	0.458	—	0.369	—

从度数中心度来看，东营、济南、青岛、枣庄和莱芜等城市的点入度高于点出度，且点入度高于均值，表明这些城市具有较高的"声望"和吸引力，集中接受其他城市的效率溢出。总体来看，东营、青岛、枣庄、济南、烟台和莱芜等6个城市具有较高的相对度数中心度，表明这些城市与其他城市空间关联关系较多，在山东省建设用地碳排放效率空间关联网络中处于核心主导地位。上述城市均有明确的经济发展和城市功能定位，能够有效发挥资本、人才要素优势产生的"虹吸效应"，同时产生低碳技术的溢出效应，有效提高建设用地的利用效率，同时与其他城市保持较为紧密的联系。滨州、聊城和德州的度数中心度较低，从地理位置来看3个城市毗邻且都位于鲁西北地区，说明这些城市与其他城市空间关联关系较少，处于网络的边缘位置，自身经济发展薄弱，加之缺乏与其他城市的联系，导致建设用地碳排放效率较低，具体而言，需要加强与其他城市合作联系，以增加建设用地碳排放效率的受益和溢出渠道。

从中介中心度来看，东营、青岛、济南、枣庄、日照、烟台和莱芜具有高于均值的中介中心度，表明这些城市在建设用地碳排放效率空间网络中扮演着"中介"和"桥梁"的作用，对于提高建设用地碳排放效率的资金、人才和技术等资源要素的流动具有较强的支配力和控制力，特别是东营、青岛和济南，在网络中处于枢纽地位。而菏泽和聊城的中介中心度为0，意味着这些城市在山东省建设用地碳排放效率网络中处于"被支配"的边缘地位，对网络关联关系的控制和影响能力较弱。

从接近中心度来看，东营、枣庄、济南、莱芜、青岛、淄博、潍坊、临沂、滨州等城市具有高于均值的入接近中心度，表明这些城市具有较强的吸引力，在网络中扮演着中心行动者的角色，具有较强的资源获得能力；烟台、菏泽、聊城、威海、日照、青岛、枣庄、莱芜等城市具有高于均值的出接近中心度，反映了这些城市具有较大的辐射力；枣庄、青岛和莱芜3个城市同时具有较高的入接近中心度和出接近中心度，表明这些城市在网络中既具有对资源要素的吸引力又能够体现在网络中的溢出效应；烟台、菏泽、聊城、威海、日照5个城市则是较低的入接近中心度和较高的出接近中心度，意味着这些城市在网络中扮演着边缘行动者的角色，非网络的核心。

（四）块模型分析

运用CONCOR方法，选择最大分割密度为2，收敛标准为0.2，将17个地级市划分为4个板块，并对板块特征进行界定（见表7-5），山东省建设用地碳排放效率空间关联网络板块主要划分为净受益板块、净溢出板块和经纪人板块三大类，从成员数量来看，净受益板块和净溢出板块成员数量偏少，都只有2个城市，而其他13个城市均属于经纪人板块，意味着山东省建设用地碳排放效率空间关联网络溢出效应更多地表现为间接效应而非直接效应；通过内部关系数来看，存在板块内部成员之间缺乏联系的特征。

表7-5   2019年山东省建设用地碳排放效率空间关联的板块划分与特征

板块划分	城市数量	发出关系		接受关系		期望内部关系比例（%）	实际内部关系比例（%）	板块特征
		内部	外部	内部	外部			
济南、东营（板块Ⅰ）	2	0	9	0	21	6	0	净受益板块
青岛、烟台（板块Ⅱ）	2	0	14	0	10	6	0	净溢出板块

板块划分	城市数量	发出关系		接受关系		期望内部关系比例（%）	实际内部关系比例（%）	板块特征
		内部	外部	内部	外部			
淄博、莱芜、潍坊、威海、临沂、日照（板块Ⅲ）	6	0	18	0	17	31	0	经纪人板块
济宁、枣庄、泰安、德州、聊城、滨州、菏泽（板块Ⅳ）	7	4	18	4	11	38	18	经纪人板块

　　为了更好地说明各板块之间的联系以及联系的密切程度，以2019年整体网密度0.232作为阈值，将板块之间的密度矩阵转化为像矩阵（见表7-6），得到群体关联图像。像矩阵对角线均为0，与板块内部成员之间缺少联系的结论相佐证，板块与板块之间联系更为紧密且呈现互动趋势，主要表现为板块Ⅰ和板块Ⅲ、板块Ⅰ和板块Ⅳ、板块Ⅱ和板块Ⅲ三大互动方向。

表7-6　山东省地级市建设用地碳排放效率网络结构像矩阵

像矩阵	板块Ⅰ	板块Ⅱ	板块Ⅲ	板块Ⅳ
板块Ⅰ	0	0	1	1
板块Ⅱ	0	0	1	0
板块Ⅲ	1	1	0	0
板块Ⅳ	1	0	0	0

　　综合个体网络特征和块模型分析，将2019年山东省17个地级市的空间网络联系绘制为图7-4，将各城市的地理位置、角色划分、板块归属进行直观表达。

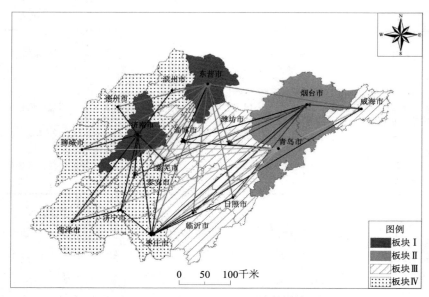

图7-4 2019年山东省地级市建设用地碳排放效率
空间网络群分块及内部联系

由图7-4可知，板块成员以地理邻近抱团为主，如板块Ⅱ、板块Ⅲ和板块Ⅳ，也存在非地理邻近但建设用地碳排放效率较高而组团的板块，如济南和东营构成板块Ⅰ，再叠加经济发展水平差异来看，板块的划分也体现了强强联合的"马太效应"特征，比如板块Ⅰ和板块Ⅱ。综合板块划分和空间关联线，将东营、济南、枣庄、青岛和烟台等5个发送和接受关联线最多区域的市政府所在地连起来可组成一个环形，可将17个地级市分为环线内和环线外两大区域，形成了以上述5个城市为辐射点或引力点的中心点，与上述个体网络特征城市分析相一致。

上述整体网络特征、个体网络特征及板块划分结果与山东省空间经济发展战略密切相关。研究期内，山东省城市建设用地碳排放效率的空间关联网络特征显著反映了区域发展战略的调整与优化。山东省始终坚持"平衡发展"理念，同时根据发展阶段适时调整发展重点。研究期内，省会济南被确立为区域发展核心，与其他城市协同推进（黄少安，2022）。2009～2018 年，国家相继出台《黄河三角洲高效生态经济区发展规划》《山东半岛蓝色经济区发展规划》和《山东新旧动能转换综合试验区建设总体方案》三大区域发展战略文件。这些政策与山东省"平衡发展"理念相辅相成，有效引导流动性生产要素向重点区域集聚，推动了城市建设用地碳排放效率的提升，形成了以新旧动能转换综合试验区（济南、青岛、烟台）、黄河三角洲中心城市（东营）以及山东半岛城市群为代表的高效率核心节点。这一过程充分体现了市场机制与政府调控在城市建设用地碳排放效率空间关联网络形成中的协同作用。

　　综上来看，在建设用地碳排放效率空间网络特征呈现上，本章研究结果与以中国省级区域为研究区域，以"能源消费""碳排放""绿色经济效率""交通碳排放效率"等为研究主题的空间网络特征结果均在社会网络分析法所包含特征分析范围之内（刘华军等，2015；张德钢等，2017；赵林等，2021；邵海琴等，2021）。同时，与以福建省为研究区域在土地利用碳排放空间关联个体特征和网络空间聚类上结果具有相似性（魏燕茹等，2021），特别是考虑到山东省和福建省同为东部沿海发达省份，且均为双核心城市省份。上述结果检验了社会网络分析法在分析建设用地碳排放效率空间关联网络特征上的适用性。接下来将分析造成上述空间关联网络特征的影响因素。

二、QAP 影响因素分析

　　依据第二节构建的计量模型，借助 UCINET 6.740 软件采用 QAP 回归分析法，对 2003～2019 年的因变量矩阵和自变量矩阵逐年进行回归，设置随机置换次数为 5000，限于篇幅，本章只列 2003 年、2009 年、2015 年和 2019 年的 QAP 回归分析结果（见表 7 - 7）。

表7-7　　QAP回归结果

变量	2003年			2009年			2015年			2019年		
	非标准化系数	标准化系数	P值	非标准化系数	标准化系数	P值	非标准化系数	标准化系数	P值	非标准化系数	标准化系数	P值
GN	-0.235	-0.294	0.000	-0.259	-0.296	0.000	-0.238	-0.290	0.000	-0.157	-0.186	0.007
GDP	-0.002	-0.516	0.001	0.000	-0.245	0.016	0.000	-0.020	0.408	0.000	0.031	0.380
LS	-0.021	-0.038	0.304	0.063	0.155	0.020	0.091	0.126	0.051	0.104	0.132	0.073
LI	0.003	0.228	0.004	0.002	0.095	0.085	-0.001	-0.061	0.151	0.000	-0.015	0.414
CR	0.811	0.288	0.008	-0.096	-0.043	0.320	-0.475	-0.200	0.023	-0.424	-0.180	0.034
IS	-0.135	-0.119	0.073	-0.068	-0.072	0.192	0.049	0.060	0.221	-0.042	-0.043	0.291
ER	-0.002	-0.059	0.204	-0.004	-0.098	0.130	0.001	0.031	0.298	0.000	-0.004	0.493

由表 7 – 7 可知，环境规制因素在整个研究期内并未表现出显著性，除地理距离差异因素外，其他影响因素的显著性随时间呈现阶段性变化，与研究中国经济绿色经济效率空间关联网络影响因素结果呈现阶段性变化相似（赵林等，2021），具体来看：

首先，影响因素显著性随研究期变化呈现不一致性。（1）经济发展差异和产业结构差异在研究期前期表现为显著的负向影响，意味着地市之间经济发展差距缩小和产业结构比例趋同有利于建设用地碳排放效率空间关联网络的形成，两者在研究后期影响不显著，原因解释为相比于中西部省份集全省之力打造省会城市，作为东部沿海省份的山东，各地级市的经济发展和产业布局相对均衡，尤其是近年来，多数城市有明确的城市定位，具体参考前文的中心性分析，经济发展和产业布局差异逐年缩小，对建设用地碳排放效率空间关联网络的形成作用也逐步降低至后期不显著；（2）土地利用强度差异和土地利用结构差异分别在研究前期和研究后期表现为显著的正向影响，两者的接替同向影响也吻合土地报酬递增递减规律，初始阶段，资本和劳动力等流动要素首先因"虹吸效应"在某些城市快速集聚，带来了城市间建设用地投入强度差异增大，促进了建设用地碳排放效率空间关联网络的形成，随着流动要素在某些城市建设用地上的投入趋于饱和，土地利用投入强度差异缩小，对建设用地空间关联网络的影响变得不再显著，非流动要素建设用地的稀缺性导致具有建设用地区位熵优势的城市成为流动要素的"流向分配地"，城市之间建设用地区位熵差异越大则越有利于其空间关联网络的形成。

其次，同一影响因素随研究期变化呈现不同作用方向。城市化进程差异在研究前期表现为显著的正向影响而在研究后期表现为显著的负向影响，意味着在城市化的初级阶段，有些城市城市化起步较快，容易造成城市间的城市化差异增大，而城市化进程差异越大越有利于建设用地碳排放效率空间关联网络的形成，体现了流动要素资源的"虹吸效应"对提高建设用地碳排放效率的正向影响，而随着进入城市化后期，城市之间的城市化进程差异缩小，劳动力尤其是高素质劳动力选择城市的机会成本变小，城市化差异的缩小对于已经形成的稳定的建设用地碳排放效率空间关联网络具有巩固作用。

最后，地理距离的增大则会显著加大形成建设用地碳排放效率空间关联网络的形成难度，这一结论与有关中国交通碳排放效率的空间关联网络结构的研究结果类似（邵海琴等，2021），进一步印证了块模型分析中板块成员以地理邻近性"抱团"为主的现象，反映了流动资源要素和"信息流"的传递会随着地理距离的增加而逐渐衰减。

第四节　本 章 小 结

本章以山东省 17 个地级市为研究样本区域，以化石燃料燃烧 CO_2 排放量为建设用地的非期望产出，采用 SBM 模型测算 2003～2019 年山东省城市建设用地碳排放效率值，基于修正的引力模型构建空间关联关系矩阵，探讨山东省城市建设用地碳排放效率的空间关联网络特征及其影响因素。主要研究结论如下：

（1）2003～2019 年山东省建设用地碳排放效率呈现由西向东优化趋势，济南、青岛和烟台等新旧动能转换先行区，黄河三角洲中心城市东营及山东半岛城市群为效率高地。17 个地级市均处于空间关联网络，呈现日趋复杂的网络结构形态，形成以济南、东营、青岛为核心点的空间结构特征。空间网络密度值相对较低，紧密程度不高，呈现"扁平化"特征的等级结构，网络结构稳定性逐渐增强。

（2）城市在网络中获取资源要素的吸引力和输出资源要素的辐射力存在显著差异。东营、济南、青岛等城市具有较强的"引力"，在网络中扮演"中介"和"桥梁"的角色。滨州、聊城、德州等地理边缘城市处于网络边缘位置，缺乏效率受益和溢出渠道。板块间联系呈现互动趋势，成员以地理邻近抱团为主，体现"马太效应"，呈现受益和溢出板块城市成员少而经纪板块城市成员多的非均衡特征。

（3）建设用地碳排放效率空间关联网络的形成是流动要素资源在

非流动建设用地上政府调控和市场供需流动的综合结果。地理邻近和土地利用强度差异对空间关联强度具有显著正向作用。经济发展差异和产业结构比例趋同对空间关联网络的影响趋于减弱，城市化进程的差异影响具有一定阶段性。

基于上述研究结论，结合山东省经济发展实际，提出以下政策建议：

（1）稳定效率高的节点城市。对济南、青岛、烟台和东营等核心节点城市，充分发挥政府宏观调控和市场机制作用，保证劳动力、资本、技术、信息等流动性要素在建设用地上的充足投入，提升并稳定这些城市的建设用地碳排放效率，促进辐射效应和示范效应的形成。

（2）促进点对点连线发展。对同一板块成员城市，重点建立高质量流动要素的共享通道，推动单向功能板块向双向溢出板块转型。对不同板块成员城市，利用板块间形成的"势能差"，促进高"势能"城市的资源要素有序流出，加强低"势能"城市建设用地的高质量供给，增加网络紧密性。

（3）推动区域一体化协同发展。以"黄河三角洲""山东半岛城市群"和"新旧动能转换试验区"三大区域战略为发展面，打破区域间条块分割。重点关注地理邻近、城市化进程相仿、土地利用结构差异大的城市间建设用地碳排放效率的协作提升，规划布局城市间交通基础设施建设，打造要素流动通道，推动建设用地低碳利用的区域均衡与协调发展。

第八章

撤县设区与城市扩张[*]

撤县设区是地方政府优化空间治理、推进区域一体化的重要手段。城市扩张为社会经济建设提供了足够的空间支持，但过快的城市扩张速度可能会对粮食安全和生态保护造成威胁。本章深入剖析了撤县设区政策对城市扩张的影响及其作用机制，为更全面地理解城市扩张现象提供了有力支持，并为进一步地建立政策、城市发展和碳排放之间的关联提供证据，同时也为城市规划者和管理者有效控制无序城市扩张、实现城市的可持续发展提供了有价值的参考。

在城市化进程中，城市扩张始终是一个备受争议的话题。部分研究者认为，城市扩张是市场有序发展的必然结果。同时，众多研究明确指出，地方政府的行为在城市土地扩张进程中有着举足轻重的地位（Jia et al.，2020；Lichtenberg & Ding，2009；Liu et al.，2012）。在我国，中央政府通过财政分权、户籍制度改革、设立开发区等一系列政策来推进城市化进程，而地级市政府主要通过实施撤县设区政策来扩大市辖区范围，并进一步解决"低"行政级别与"高"经济绩效之间的不匹配问题（钱学锋，2013）。行政单元不仅是国家疆域的地理划分，也是中国行政权力的一种属性，因此，撤县设区政策会改变社会经济要素在区

---

[*] 本章的主干内容以"The mechanism of revoking counties or county-level cities to municipal districts and its effect on urban expansion in Chinese cities"为题，发表在 *Applied Geography* 2023 年第 159 期。

域内和区域间的分布以及行政区划属性。由于土地是社会经济活动的空间载体（Zeng et al., 2017；Zeng et al., 2016），上述变化也会对土地利用覆被变化产生影响。已有研究表明：撤县设区政策确实影响了城市扩张，考虑到地方政府实施撤县设区政策的普遍性，研究二者之间的关系显得尤为重要，但关于行政区划调整对城市扩张影响的研究确实相对较少。

已有相关研究存在如下不足：一是聚焦于撤县设区政策的影响评估，而撤县设区政策影响城市扩张的潜在机制尚不明确。厘清撤县设区政策与城市扩张之间的作用路径，才能提出更有针对性的策略，以有效控制城市蔓延。二是已有研究方法未能充分考虑到撤县设区政策的溢出效应以及不同地区的实施时间差异，可能会导致该政策对城市扩张影响的低估或误判。基于此，本章的边际贡献在于：采用空间杜宾模型—双重差分法（SDM – DID）来精确测算撤县设区政策对城市用地出让面积的具体影响，旨在深入探讨撤县设区政策对城市扩张的影响机制，并对现有研究进行补充和完善。通过本章，希望能够更全面地理解撤县设区政策对城市扩张的具体影响。

第一节 理论框架

本节首先总结了县域与市辖区之间的差异，在此基础上，推断出撤县设区政策实施后，原县域内部可能发生变化的核心因素，并以此视角深入探讨该政策与城市扩张之间可能存在的作用机制。

一、县与市辖区之间的差异

中国实行四级地方行政管理体制"省—地级市—县—镇"，其中县级行政区划包括县、县级市、市辖区（Zhang & Wu，2007）。一般而言，县（或县级市）与市辖区由市政府管理，但两者在行政单位类型、社会经济发展规划、土地管理权、财政控制权、产业结构、城市化水平、到市中心的距离等方面存在明显差异（见表8－1）。第一，县或县级市相对于一个市辖区而言距离市中心相对较远（见图8－1），属于以区域为基础的行政区划，即包括城市和农村，以发展农业为主，具有相对独立的财政控制权和城市发展规划权。第二，市辖区是以城市为基础的行政区划，注重非农产业的发展，城市化水平较高。但市辖区并不是一个独立的政府，它只属于市政府的一个机构。因此，市辖区的城市发展规划处于市政府的总体控制之下。

表8－1 县与市辖区之间的差异

特征	县或县级市	市辖区
行政单位类型	以区域为基础的行政单位，即城乡混合行政单位	以城市为基础的行政单位，以城市地区为主
社会经济发展规划	由县级政府制定	由市政府制定
土地管理权	由土地所有者和土地利用管理部门负责	由市政府部署
财政控制权	独立的初级财政体系	由市政府安排
产业结构	以农业产业为主	以非农业产业为主
城市化水平	低	高
到市中心的距离	如图8－1所示	

注：城市化水平以城市人口占常住人口的比例衡量。

自1994年我国实行分税制以来，土地出让金逐渐成为地方政府财政收入的重要来源，为尽可能扩大土地资源的可支配范围，部分市政府积极实施撤县设区政策。一般来说，市辖区位于市中心周围，而县或县级市则位于市辖区以外，离市中心相对较远。

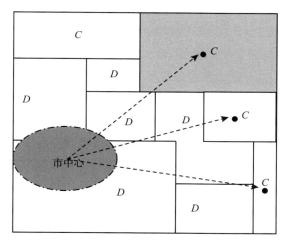

图 8 - 1 市中心与县距离示意

注：D 为地区，C 代表县或县级市。

二、政策实施后可能发生的变化

撤县设区政策不仅是一种行政区划的调整，更可能对行政责任的重新分配以及社会经济因素产生深远影响（见表 8 - 1）。因此，推测出撤县设区政策在将原本的城郊县转变为市辖区后，会通过一系列核心要素变化对城市扩张产生影响。这些要素可大致分为两类：一类是市政府层面；另一类是县级政府层面。

（一）市政府层面

一方面，撤县设区政策确实能够在一定程度上削弱行政边界对城市内部要素流动的制约，有望扩大城市市场规模（MS），并增强城郊县或县级市核心城区的引领效应（Lu & Tsai，2019；Liu et al.，2014）。由于新建区（原县或县级市）距离市中心较远，可能会对社会经济要素的集聚产生一定的反向作用。但已有研究明确指出，具备较强行政干预程度（DGI）的地方政府能够通过实施优惠的财政和就业政策来调节区域产业的空间布局，进而在一定程度上减轻地理位置带来的不利影响（Liu & Lo，2022；Yew，2012）。另一方面，为了缩小新建区与城市中心在基础设施或公共服务建设（IC）方面的差距，并有效解决可能存在的冲突，地级市政府主要通过增加固定资产投资（IFA）（Liu & Lo，2022；Lin & Yi，2011）的方式来提升新建区对人口与企业的吸引力及竞争力。相反，市辖区与新建区在资源配置上存在竞争关系，地级市政府在资源分配上更倾向于支持市辖区（Liu & Lo，2022）。因此，亟须深入探讨撤县设区政策是否切实引发了上述因素的实质性变化。

（二）县级政府层面

与市政府相比，县或县级市政府在转变为市辖区后失去了诸多原有的决策权，导致其在经济发展上的行动能力受限。但原县域单位仍会通过有限的手段来维持经济发展，最典型的行为策略是利用地价优势吸引企业入驻，进而带动县域内非农产业（PNA）的发展，并促进农村人口向城市的转移（RTP）（Wang & Yeh，2020）。随着非农产业的蓬勃发展与城市人口的不断聚集，城市土地需求呈现出显著的上升趋势（He et al.，2015；Li et al.，2015），同时，撤县设区政策进一步拓宽了城市区域范围，为城市土地供应的增量开发提供了潜在可能性（Li et al.，2015）。

综上分析，本节旨在通过构建一个涵盖县域行政区划主要差异、潜在传导路径及城市土地变化的理论框架（见图8-2），深入剖析撤县设区政策对城市扩张的具体影响及其作用机制（即"暗箱内容"）。

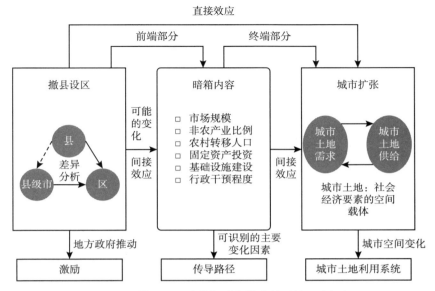

图 8-2 撤县设区政策与城市扩张关系的理论框架

第二节 实证检验

一、研究区域

中国县域发展模式包括行政区划属性调整、行政区划边界调整以及行政中心区位迁移，但一些行政区划调整模式（ADA 模式）的出现频率相对较低，仅局限在少数城市和特定年份。囿于数据的可得性和完整性，仅选择撤县设区模式作为核心分析对象。撤县设区政策主要由地级市政府主导推行，该政策不仅会对相关县域的土地利用产生深远影响，还会显著改变整个城市的土地利用结构，因此，本章选择整个城市作为基本分析单元。经过筛选，2003~2017 年，共有 253 个地级市未进行过任何行政区划调整或仅实施了撤县设区政策。其中，有 74 个城市实施了撤县设区政策，且这些城市遍布中国的东、中、西部地区。为了深入探究撤县设区政策的实施效果，采取以下分组方式：将实施该政策的城市设为实验组（或处理组），而将未实施该政策的城市设为对照组。另外，部分城市经历了多种不同的行政区划调整模式。例如，广西梧州市在2003年将苍梧县的部分区域划归为万秀区，随后在2013年万秀区又与蝶山区合并。为更精确地评估撤县设区政策对城市扩张的影响，故剔除经历过多种行政区划调整模式的城市。

二、城市扩张指标及差异分析

现有文献普遍将城市扩张界定为城市土地面积的扩大（Li et al.，2022）。本章则采用城市土地的年变化量来衡量城市扩张，并称之为城市扩张率（urban expansion rate，UER）。另外，通过采用移动 t 检验技术（MTT）（Congbin Fu，1999；Qu et al.，2020）来分析两组城市之间，以及撤县设区政策实施前后实验组城市之间城市扩张的差异。t 统计量计算如下：

$$t = \frac{\overline{UE_1} - \overline{UE_2}}{\sqrt{\dfrac{(n_1 - 1)s_1^2 + (n_2 - 1)s_2^2}{n_1 + n_2 - 2}} \times \sqrt{\dfrac{1}{n_1} + \dfrac{1}{n_2}}} \quad (8-1)$$

其中，UE_1、UE_2 和 s_1^2、s_2^2 是两个子样本的均值和方差，n_1 和 n_2 是子样本的大小。一般来说，如果显著性水平为 0.05，则认为子样本存在显著差异。

三、计量经济模型与主要变量

（一）计量经济模型

已有研究表明，土地利用中存在显著的空间溢出效应（Zeng et al.，2016）。若直接采用传统的双重差分法（DID）模型来评估撤县设区政策对城市扩张的影响，则会违背稳定单位处理值假设。借鉴杜布等（Dubé et al.，2014）的方法，将空间滞后项纳入传统 DID 模型中，即构建空间 DID 模型（SDID），以期对空间相关性予以控制。同时，空间杜宾模型（SDM）不仅可以表示因变量、自变量或误差项的空间相关性，还可以在不同的系数设定（Elhorst，2014；Jia et al.，2021）下转化为空间滞后模型（SLM）或空间误差模型（SEM）。因此，将空间杜宾模型与连续双重差分法相结合，用以评估撤县设区政策对城市扩张的影响，具体模型设定如下：

$$UE_{it} = \alpha + \rho \sum_j w_{ij}UE_{jt} + \beta C2D_{it} + \theta \sum_j w_{ij}C2D_{jt} + \gamma X_{it}$$
$$+ \xi \sum_j w_{ij}X_{jt} + \mu_i + v_t + \varepsilon_{it} \qquad (8-2)$$

其中，下标 i 和 t 分别表示城市和年份；UE 为城市扩张；$C2D$ 表示组别变量 G 与时间变量 T 的乘积，若城市实施撤县设区政策，则变量 G 取值为 1，否则为 0；如果时间在政策实施之后，则 T 的值为 1，否则为 0。w_{ij} 是空间权重矩阵 W 的一个元素，表示城市间的空间接近度。另外，基于空间接近度构造空间矩阵，即当城市 i 和 j 相邻时，w_{ij} 取值为 1，否则为 0；X 表示控制变量的矢量；μ 和 ν 分别表示地区和时间固定效应；ε 是误差项；α、ρ、β、θ、γ 和 ξ 为待估参数。

在评估撤县设区政策对城市扩张的影响后，采用中介效应模型进一步分析撤县设区政策与城市扩张间的潜在作用机制。考虑到可能存在多个中介变量以及它们之间的相互作用，基于 AMOS 28 软件中的结构方程模型，运用多重中介效应模型对第二节中的理论模型进行验证与优化。

（二）变量选取与数据来源

（1）被解释变量：城市扩张（UE）。采用城市扩张率对数值来衡量，数据通过 ArcGIS 软件从宫鹏等（Gong et al.，2019）的研究成果中提取获得。

（2）核心解释变量：撤县设区政策（$C2D$）。数据从中华人民共和国民政部手工收集并整理获得。

（3）控制变量：①海拔高度（*ELE*），海拔高度是影响城市扩张最重要的地理因素。②城市人口密度（*POP*）与经济发展水平（*GDP*），城市人口的增长和经济发展水平的提高会直接增加对建设用地的需求，进一步带动城市扩张（Li et al.，2013，2018；You & Yang，2017），故采用城市人口密度和单位土地的国内生产总值来衡量城市人口和经济发展水平。③政府财政水平（*FIN*），已有研究表明政府财政水平与城市扩张（Lin & Yi，2011；Tong et al.，2023）之间存在必然联系，故采用财政收支缺口占财政收入的比重来表征政府的财政水平。④城镇单位就业人员平均工资（*WAGE*），职工工资较高的城市对周边人口的吸引力更强，为城市经济发展提供了更多的人力资本，促进了经济发展和住房需求（You & Yang，2017；Zhang & Su，2016）。

（4）中介变量：选择农村转移人口（*RTP*）、市场规模（*MS*）、非农产业占比（*PNA*）、固定资产投资（*IFA*）、基础设施建设（*IC*）、行政干预程度（*DGI*）作为中介变量。

除政府财政水平外的所有控制变量均取对数处理，所有相关经济数据的基年均为 2003 年。具体变量的说明和数据来源如表 8 - 2 所示，变量与模型间存在的关系如图 8 - 3 所示。

表 8 - 2   **撤县设区政策影响城市扩张的主要变量**

变量类别	变量	变量说明	数据来源
核心解释变量	城市扩张	城市扩张率（平方千米/年）	2002～2017 年 1 千米分辨率的建设用地数据集，来自宫鹏等（2019）
被解释变量	撤县设区政策	撤销县、县级市为市辖区	行政区划调整数据来源于中华人民共和国民政部（https://www.mca.gov.cn）
控制变量	海拔高度	高度（米）	来自中国资源环境科学数据中心（https：//www.resdc.cn）的 SRTM90 米数字高程数据，使用 ESRI ArcGIS10.2 中的区域统计工具进行计算，生成了一个 1 千米分辨率的数据集

变量类别	变量	变量说明	数据来源
控制变量	城市人口密度	人口密度（10000人/平方千米）	人口统计数据来源于《中国统计年报》，建设用地数据来源于城市扩张
	经济发展水平	单位面积国内生产总值（万元/平方千米）	国内生产总值数据来源于《中国统计年报》，建设用地数据来源于城市扩张
	政府财政水平	地级市政府财政级别	政府收支数据来自《中国统计年报》
	城镇单位就业人员平均工资	城镇居民年平均工资（元/年）	城镇居民工资数据来自《中国统计年报》
中介变量	农村转移人口	农村向城市转移的人口	国家卫生健康委员会流动人口服务中心提供的流动人口数据（https://chinaldrk.org.cn）
	市场规模	市场规模，用民营企业员工占比来表示	来自《中国统计年报》
	非农产业占比	非农业产业产值的比重	
	固定资产投资	固定资产投资	
	基础设施建设	基础设施或公共服务建设，以人均道路面积表示	
	行政干预程度	政府干预程度，用政府支出占国内生产总值的比例表示	

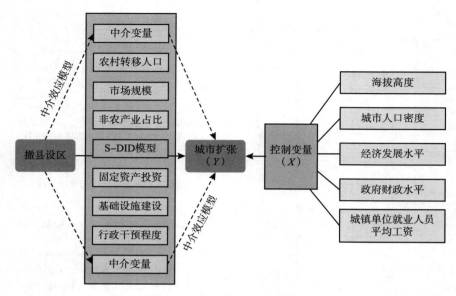

图 8 - 3　变量和模型之间的关系

注：用虚线和实线分别表示撤县设区与城市扩张之间可能存在的联系和必然的联系。

第三节　结果解读

一、撤县设区政策对城市扩张的影响及作用机制

(一) 城市扩张的特征与差异

如图 8-4 (a) 所示，两组城市的城市扩张率均呈现出显著的上升趋势，且变化趋势相似；t 检验结果显示实验组城市扩张率的平均值为30.749 平方千米/年，明显高于对照组的 17.293 平方千米/年，表明实验组城市扩张率增长更快。以撤县设区政策的实施时间为节点，进一步对比了实验组在政策实施前后 5 年的城市扩张率变化情况，结果显示城市

扩张率自政策实施前 5 年呈现上升趋势并在政策实施后一直保持相对较高的水平（如图 8 - 4 所示），根据 t 检验结果，发现撤县设区政策实施后城市扩张率明显增长更快（如表 8 - 3 所示）。基于上述初步分析，得出如下结论：两组城市之间以及实验组于政策实施前后的两个时段内，城市扩张率均存在显著差异。但为了确定这些差异是否由撤县设区政策所引起，还需要在后续研究中控制其他可能影响城市扩张率的因素，并进行更为深入的分析。

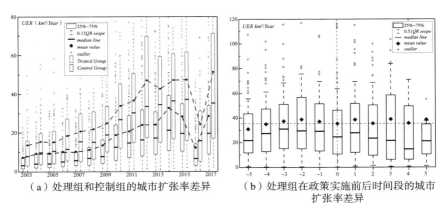

（a）处理组和控制组的城市扩张率差异　　（b）处理组在政策实施前后时间段的城市扩张率差异

图 8 - 4　两组城市之间（a）及政策实施前后实验组城市之间（b）城市扩张的差异

注：图 8 - 4（b）中的横轴表示撤县设区政策实施的时间间隔。例如，- 3 表示政策实施前的第三年，3 表示政策实施后的第三年。

表 8 - 3　　　　　　　　　　　　　城市扩张的差异

变量	两组城市之间的差异			撤县设区政策实施前后的差异（n = 74）		
	对照组（n = 179）	实验组（n = 74）	差值	政策实施前5 年的平均值	政策实施后5 年的平均值	差值
城市扩张（平方千米/年）	17. 293	30. 749	- 13. 455	32. 588	39. 539	- 6. 951
标准差	0. 441	1. 001	0. 944	3. 37	4. 188	5. 376
p 值	—	—	p < 0. 001	—	—	p < 0. 001

（二）撤县设区政策对城市扩张的影响

基于 2003 ~ 2017 年 253 个城市的面板数据，在控制其他可能影响城市扩张的因素下，采用普通最小二乘法（OLS）、双重差分模型（DID）、空间自回归嵌套的双重差分模型（SAR – DID）和空间杜宾模型嵌套的双重差分模型（SDM – DID）来比较测度撤县设区政策对城市扩张的影响。以上四个模型中的被解释变量为城市扩张率的对数形式，核心解释变量为撤县设区政策，控制变量为海拔高度（ELE）、城市人口密度（POP）、经济发展水平（GDP）、政府财政水平（FIN）、城镇单位就业人员平均工资（WAGE）。

如表 8 – 4 所示，模型（1）中撤县设区政策的系数虽为正，但并未达到显著性水平。而在考虑了个体和时间效应固定的模型（2）中，撤县设区政策的系数依然保持正值，且通过了 5% 的显著性检验。另外，2003 ~ 2017 年，城市扩张的 Moran's I 稳定在 0.4 ~ 0.6，表明城市扩张具有空间相关性（如图 8 – 5 所示）。因此，本章在双重差分法模型的基础上，进一步引入空间自回归模型和空间杜宾模型，以深入探究撤县设区政策对城市扩张的具体影响。模型（3）和模型（4）的结果表明，撤县设区政策的系数为正，且均通过了 1% 的显著性水平检验。同时，模型（3）和模型（4）的空间自回归系数在 1% 水平上显著为正，表明城市扩张具有空间溢出效应。在模型（4）中撤县设区政策与经济发展水平的空间滞后项均通过了 1% 的显著性检验，说明这两个变量对相邻区域城市扩张的影响也表现为正向空间溢出效应。综上分析，得出结论：撤县设区政策对城市扩张产生了显著影响。与未实施该政策的地区相比，实施撤县设区政策的地区，其城市扩张率的提升幅度介于 4.0% ~ 19.3%。

表 8 – 4 　　　　　　　撤县设区政策对城市扩张的影响

变量	模型（1）OLS	模型（2）DID	模型（3）基于 SAR 的 DID	模型（4）基于 SDM 的 DID
撤县设区政策	0.0409	0.0404 **	0.177 ***	0.193 ***

变量	模型（1）OLS	模型（2）DID	模型（3）基于 SAR 的 DID	模型（4）基于 SDM 的 DID
海拔高度	− 0.172 ***	− 0.0205 ***	—	—
城市人口密度	0.373 ***	0.0465 ***	0.098 ***	0.0788 **
经济发展水平	− 0.538 ***	− 0.0343 **	0.358 ***	0.164
政府财政水平	− 0.075 ***	− 0.0154 **	0.00364	0.00225
城镇单位就业人员平均工资	1.234 ***	0.106 ***	0.208 ***	− 0.095 **
城市扩张（L^{-1}）	—	0.870 ***	0.675 ***	0.696 ***
W – 撤县设区政策				0.820 ***
W – 城市人口密度				0.469 ***
W – 经济发展水平	—	—	—	0.528
W – 城镇单位就业人员平均工资	—	—	—	0.302
R^2	0.512	0.889	0.299	0.143
观测值	3795	3542	3542	3542
双向固定效应	—	YES	YES	YES
空间自回归系数	—	—	0.854 ***	0.887 ***

注：城市扩张（L^{-1}）表示因变量滞后一期；W – x 为自变量的空间滞后项；*** 、 ** 和 * 分别代表 1%、5% 和 10% 的显著性水平。

本节进一步探讨了撤县设区政策对我国东、中、西部地区所产生的异质性影响（如表 8 – 5 所示）。结果表明，撤县设区政策显著加速了中部城市的城镇化进程，但对东部和西部地区的影响并不显著。这与三个地区所处的不同发展阶段密切相关，东部地区由于经济发展水平最高，正在从增量发展向高质量发展转型；而西部地区土地供给相对充裕。因此，城市扩张不是东西部城市实施撤县设区政策的根本原因。相比之下，在"中部崛起"战略的指导下，中部地区的中心城市正处于快速发展阶段，大都通过撤县设区政策获得更多的城市用地来支撑其经济发展，这与上述研究结果相符。但撤县设区政策对城市扩张的具体作用机制尚不清楚，下一部分将重点探究撤县设区政策对城市扩张的具体作用机制。

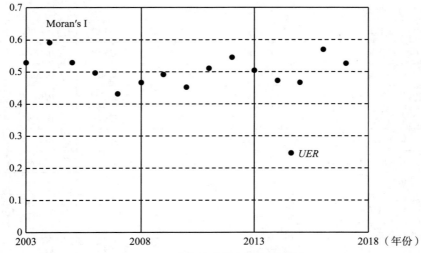

图 8 - 5　城市扩张的空间相关系数

表 8 - 5　　　　　　　　　　异质性对撤县设区政策的影响

变量	模型（5）东部城市	模型（6）中心城市	模型（7）西部城市
撤县设区政策	0.0131	0.314 ***	0.0772
城市人口密度	0.00181	0.328 ***	- 0.202 *
经济发展水平	- 0.114 **	0.131 ***	- 0.0545
政府财政水平	0.0878 ***	- 0.00149	0.00727
城镇单位就业人员平均工资	0.256 ***	0.464 ***	0.0421
城市扩张（L^{-1}）	0.485 ***	0.524 ***	0.616 ***
W - 撤县设区政策	0.245 ***	1.028 ***	- 0.0664
W - 城市人口密度	0.369 ***	0.739 ***	- 0.0854

变量	模型（5）东部城市	模型（6）中心城市	模型（7）西部城市
W－经济发展水平	0.471 ***	0.589 ***	0.233 ***
W－城镇单位就业人员平均工资	0.353 ***	1.850 ***	－0.0165
R^2	0.158	0.360	0.522
观测值	1372	1526	1022
双向固定效应	YES	YES	YES
空间自回归系数	0.721 ***	0.899 ***	0.483 ***

注：***、** 和 * 分别代表1%、5%和10%的显著性水平。

（三）主要影响机制

基于城市增长理论，构建撤县设区政策影响城市扩张的作用机制模型，并运用 AMOS 28 软件对模型进行修正和调整。由表8－6结构方程评价指标值可知，不论是绝对拟合度还是增值拟合度的统计值都在标准值合理范围之内，表明模型的适配度较好。综上，本节运用该模型来探究撤县设区政策与城市扩张之间的作用机制。

表8－6　　　　　　　　　　结构方程模型的评价指标

拟合优度指标	绝对拟合优度				增值拟合优度	
	χ^2/df	GFI	AGFI	RMR	NFI	IFI
标准值	> land < 3	> 0.9	> 0.9	< 0.05	> 0.9	> 0.9
统计值	1.241	0.999	0.997	0.001	0.999	0.997

注：χ^2/df 为卡方值与自由度之比；GFI、AGFI 和 RMR 分别表示拟合优度指数、调整后的拟合优度指数和均方根残差；其中，NFI 和 IFI 分别代表规范拟合指数和增量拟合指数。

首先，从模型的前端即撤县设区政策的影响来看，6个中介变量的标准化系数均通过了显著性检验，且对固定资产投资和农村转移人口的正向影响效应最大。从模型的终端部分，即对城市扩张的影响来看，农村转移人口、基础设施建设和固定资产投资的正向影响效应最大，而行政干预程度和市场规模则有显著的负向影响效应（如表 8 – 7 所示）。其次，从 6 个中介变量之间的关系来看，市场规模、固定资产投资和基础设施建设对非农产业占比表现为正向影响，而非农产业占比对农村转移人口则为单向影响。最后，市场规模和农村转移人口之间存在单向联系，行政干预程度对基础设施建设和固定资产投资有积极的推动作用。6 个中介变量之间存在 7 个单向联系（如图 8 – 6 所示）。在明确中介变量之间的关系后，进一步探究撤县设区政策与城市扩张之间的作用路径。

表 8 – 7　　　　　　　　撤县设区政策对城市扩张的传导路径

传导路径	标准化回归权重	传导路径	标准化回归权重
撤县设区政策→行政干预程度	0.0891 ***	固定资产投资→非农产业占比	0.0713 ***
撤县设区政策→固定资产投资	0.153 ***	基础设施建设→非农产业占比	0.0635 ***
撤县设区政策→基础设施建设	0.0546 ***	非农产业占比→农村转移人口	0.175 ***
撤县设区政策→市场规模	0.130 ***	撤县设区政策→城市扩张	0.0489 ***
撤县设区政策→非农产业占比	0.0460 **	非农产业占比→城市扩张	0.0823 ***
撤县设区政策→农村转移人口	0.209 ***	农村转移人口→城市扩张	0.365 ***
市场规模→非农产业占比	0.124 ***	固定资产投资→城市扩张	0.152 ***
市场规模→农村转移人口	0.117 ***	基础设施建设→城市扩张	0.34 ***
行政干预程度→基础设施建设	0.0526 **	行政干预程度→城市扩张	– 0.177 ***
行政干预程度→固定资产投资	0.0749 ***	市场规模→城市扩张	– 0.0221 *

注：*** 、** 、* 分别代表 1%、5%、10% 的显著性水平。

表 8-8 的结果揭示了撤县设区政策与城市扩张之间的作用路径，包括直接和间接两大作用路径，且以间接路径为主。撤县设区政策对城市扩张的直接效应标准化影响系数为 0.0489，仅占总效应的 29%。相比之下，间接效应的标准化影响系数高达 0.1193，是直接效应的 3 倍之多，且涵盖了 13 条不同的路径。撤县设区政策影响城市扩张的正向间接路径多达 11 条，而负向间接路径仅有 2 条。其中，路径 f、b、c 的影响最为显著。路径 f 表明，撤县设区政策加速了农村人口向城市的转移，显著提升了城镇化率，其效应占总间接效应的 64%；路径 b 和 c 则分别通过增加固定资产投资和改善区域基础设施的方式，进一步加速城镇化进程，其影响比例分别为 19% 和 15%。而路径 a 和 d 则显示出撤县设区政策对城市扩张具有负面作用，说明撤县设区政策通过加大行政干预程度和扩大市场规模来减缓城市扩张的步伐。综上所述，撤县设区政策通过 13 条主要间接路径和 1 条直接路径的共同作用，显著推动了城市扩张的加速发展，这与模型（3）和模型（4）的实证结果相吻合。

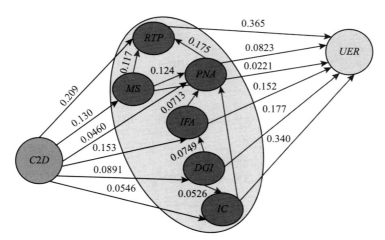

图 8-6　不同节点之间的关系

注：C2D：撤县设区政策，UER：城市扩张，RTP：农村转移人口，MS：市场规模，PNA：非农产业占比，IFA：固定资产投资，DGI：行政干预程度，IC：基础设施建设。

表 8 – 8　　　　撤县设区政策对城市扩张的主要影响机制

类型	传导路径		值	比/%	95%置信区间
直接效应	撤县设区政策→城市扩张		0.0489	29.07	[0.1007, 0.3087]
间接效应	a	撤县设区政策→行政干预程度→城市扩张	-0.0158	-13.22	[-0.1017, 0.0368]
	b	撤县设区政策→固定资产投资→城市扩张	0.0232	19.49	[0.0686, 0.129]
	c	撤县设区政策→基础设施建设→城市扩张	0.0186	15.56	[0.0382, 0.1177]
	d	撤县设区政策→市场规模→城市扩张	-0.00287	-2.41	[-0.0276, 0.0005]
	e	撤县设区政策→非农产业占比→城市扩张	0.00379	3.17	[0.0069, 0.0292]
	f	撤县设区政策→农村转移人口→城市扩张	0.0763	63.94	[0.2491, 0.3863]
	g	撤县设区政策→行政干预程度→基础设施建设→城市扩张	0.00159	1.34	[0.0025, 0.0129]
	h	撤县设区政策→行政干预程度→固定资产投资→城市扩张	0.00101	0.85	[0.0102, 0.0428]
	i	撤县设区政策→固定资产投资→非农产业占比→城市扩张	0.000898	0.75	[0.0019, 0.0065]
	j	撤县设区政策→基础设施建设→非农产业占比→城市扩张	0.000285	0.24	[0.0005, 0.0026]
	k	撤县设区政策→市场规模→非农产业占比→城市扩张	0.00133	1.11	[0.0031, 0.0091]

续表

类型		传导路径	值	比/%	95%置信区间
间接效应	l	撤县设区政策→市场规模→农村转移人口→城市扩张	0.00555	4.65	[0.0163，0.0318]
	m	撤县设区政策→非农产业占比→农村转移人口→城市扩张	0.00294	2.46	[0.0049，0.0197]
	总效应		0.119	70.92	[0.3997，0.6118]

注：在上表中只列出了 13 条影响值占比大于 0.1% 的间接作用路径并通过了 bootstrap 检验，其累积效应占总间接效应的 98%。

二、撤县设区政策对城市扩张的影响原因及作用路径的合理性分析

市级政府积极推行撤县设区政策，主要基于两大核心动因。首先，该政策可以通过调整市县财政关系（He & Jaros，2022；Liu & Lo，2022）来扩大地级市财政收入来源，县与市辖区同属县级行政单位，均隶属于地级市管辖，但两者在财政关系上存在本质区别。地级市对市辖区实行分税制或以此为基础的总额分成财政制度，市辖区的财政收入与支出在很大程度上受市级政府的调控与补贴影响（Huang et al.，2012；Loo & Chow，2006）。而县级财政的收入与支出主要围绕本地区展开，并可同时获得省、市两级的资金扶持与政策倾斜（Brehm，2013；Heng，2008）。撤县设区政策实施后，县级政府的财政自主权在市一级被削弱，县级税收必须上交市政府。因此，为了拓宽财政收入来源，地方政府会积极推动撤县设区政策的实施。另外，撤县设区政策还显著扩大了城镇面积，使得市级政府所能提供的用于经济发展的土地要素相较于政策实施前有所增加。在撤县设区政策实施前，县作为相对独立的经济区域，在土地审批、规划、使用等方面拥有相对独立的决策权。市级国民经济和社会发展规划对辖区内土地资源的使用权及经济事务的决策

权进行统一安排，意味着在撤县设区政策实施后，原本属于县的土地规划权被纳入市辖区范畴，由市级政府进行统一规划与管理。在中国经济分权体制下，地区经济发展和财政收入是地方官员任期内的重要政绩指标，撤县设区政策不仅拓宽了市级政府的财政收入渠道，也为城市发展空间提供了更广阔的舞台，与上述目标高度契合。因此，市政府积极推行撤县设区政策，以进一步加速城市扩张进程。

本章深入剖析了撤县设区政策对城市扩张的影响及其作用机制，并考虑了土地利用行为的空间溢出效应，结果表明该政策显著促进了城市用地的快速扩张。已有研究普遍认为撤县设区政策具有多方面的优势，但也面临着一些强烈的质疑。如前所述，该政策在赋予中心城市更多权力的同时，可能引发地级市与其周边县城之间的矛盾。特别是当郊县的行政自主权转换为隶属于中心城市后，大部分经济发达地区的土地使用权会随之转移到中心城市（Fan et al.，2012；Lu & Tsai，2019）。另外，新建区在很大程度上仍属于农村地区，承担着保护耕地和生态环境的主要责任（Collin et al.，2016；Liu et al.，2012；Savitch & Vogel，2016）。撤县设区政策在推动城市扩张的过程中可能会侵占郊县耕地和生态用地，进而对粮食安全和生态环境保护造成潜在的威胁。

本章表明撤县设区政策主要通过改变农村转移人口、非农产业占比、固定资产投资、基础设施建设、行政干预程度、市场规模对城市扩张产生影响，其累积影响占间接效应的90%以上。撤县设区政策对城市扩张的影响主要体现在以下两个方面：其一，撤县设区政策涉及不同行政区之间市场和行政机构的整合。在中国财政分权体制下，地方政府干预生产要素配置，形成了中国特有的行政区经济。市政府一般只致力于辖区内的社会经济发展，导致不同行政单位之间存在严重的市场分割。撤县设区政策则有效地打破了行政界限对市辖区与郊县之间生产要素流动的束缚，从而显著扩大了市场规模。县改为市辖区后，市政府可以进行统一的产业规划和布局，进而减少市辖区内行政机构之间的摩擦，促进市场整合和资源配置。因此，该政策通过扩大市场规模和加大行政干预程度来提高城市闲置土地的利用效率，进而减缓城市无序扩张的速度。标度律理论进一步解释了撤县设区政策如何通过以上因素促进城市扩张。其二，城市经济学的诸多理论和实证研究已经证明，生产率和工资水平可以随着城市规模（Echeverri – Carroll & Ayala，2011；Melo et al.，2009）的增加而提高。已有文献将这种规模报酬递增现象归类为地方化经济或城市化经济（Moomaw，1998；Turok & McGranahan，2013）。前者侧重于产业专业化带来的规模效应，后者则表明城市产业的多样化有利于企业的创新活动，从而促进城市经济的长期增长。总体而言，由于多数城市尚未达到最优规模（Batty，2013；Fu et al.，2010），城市规模的扩大有利于产业专业化和多样化，因此，撤县设区政策通过促进非农产业发展和吸纳农村人口流入，产生显著的集聚效应，进而实现城市规模上的大幅提升。同时，地方政府将加强基础设施建设，扩大固定资产投资，提供与人口和产业相匹配的公共服务。这四个因素的增加共同推动城市用地需求的增长，从而进一步加速城市用地的扩张。

第四节　本章小结

本章以近年来地方政府为突破行政边界对发展的束缚而广泛采用的撤县设区政策为研究对象，采用空间杜宾模型和双重差分法探讨了其与城市扩张的关系。结果表明，实施撤县设区政策城市的扩张率比未实施政策的城市快 13.455 平方千米/年。以撤县设区政策实施时间为分界点，城市扩张速度提高了 6.951 平方千米/年。总的来说，在控制了城市扩张的其他影响因素情况下，撤县设区政策使城市扩张率提高了19.3%。中介机制检验发现撤县设区政策主要通过增加非农产业占比、提高农村转移人口比重、改善基础设施建设、扩大固定资产投资等对城市扩张产生积极影响，通过加大行政干预程度和扩大市场规模对城市扩张产生消极影响。总体而言，撤县设区政策对城市扩张的综合影响是积极的，其主要通过间接途径产生影响。该研究结果提供了一个更全面理解城市扩张影响因素的途径，有利于城市规划和管理，有效控制无序城市扩张。

撤县设区政策，作为政府主导下的城镇化进程中的一项重要举措，显著提升了城镇化水平和城乡一体化发展的进程，为核心城区产业布局的优化调整提供了更为充裕的土地资源。但也有研究指出，撤县设区政策对社会经济的促进作用通常较为短暂且具有时滞性，这主要是因为该政策在某种程度上违背了市场规律（Feng & Wang，2022）。基于现有研究成果，本章从城市可持续发展的角度出发，提出以下两点建议：

第一，行政干预程度、市场规模与城市扩张之间的负向关系表明，地级市政府应当充分发挥其宏观调控作用，引导不同层级的行政部门实现有机整合。在政策实施的缓冲期内，应加速社会经济要素在县城与城区之间的流动，以有效控制城市空间的过快增长。市政府可以通过实施税收优惠等经济政策，逐步激发市场活力，遏制城市空间无序扩张。在撤县设区政策得以实施后，市级政府应制定以人为本、注重生态保护的土地利用规划，引导撤县设区向公平共享、城乡融合、布局优化、生态文明、低碳排放的新型城镇化道路稳步迈进。

第二，由于县与市辖区在属性上存在差异，撤县设区政策的实施可能导致原县的社会经济发展规划、财政收支等事权被地级市接管，进而削弱县的自主发展积极性。因此，县级政府应充分利用其土地价格较低、劳动力资源丰富等优势条件，积极吸引产业在本辖区内落户。这既可以实现优化主城区产业布局的目标，又能促进新城区的发展，从而有效规避地级市抢占县域资源、县域发展滞后、伪城市化现象以及城市空间无序扩张等撤县设区政策可能带来的负面影响。

第九章

城市扩张与碳排放[*]

本章为城市扩张对碳排放的影响提供了理论和实证方面的见解。综合来看，第八章和第九章将撤县设区、城市扩张和碳排放放在同一框架下研究，增加了土地利用碳排放效应的宏观研究视角。

城市化进程与人口增长导致城市建成区面积急剧扩张，特别是发展中国家，城市扩张速度高于人口增长速度。进一步证据表明，直至 21 世纪 40 年代，全球城市用地都将保持快速扩张的趋势（Chen et al., 2020），中国在这一趋势中表现尤为突出（He et al., 2019）。城市扩张对温室气体排放、气候变化和环境退化产生了深远影响，城市消费性需求增长占全球温室气体排放总量的近 70%[①]。中国承诺到 2030 年实现碳达峰，2060 年实现碳中和，但城市扩张对该目标构成挑战。由于城市建设用地的稀缺性以及城市碳减排工作的紧迫性，城市扩张的碳排放分析需要加快[②]。

已有相关研究存在如下不足：一是研究者探讨当地城市扩张对周边城市碳排放的潜在影响时，受限于固有的空间属性，难以进行深入的探讨。阐明城市扩张与碳排放之间的传导机制，才能提出更有针对性的策

---

* 本章的主干内容以 "The effects of urban expansion on carbon emissions: Based on the spatial interaction and transmission mechanism" 为题，发表在 *Journal of Cleaner Production* 2024 年第 434 期。

① United Nations Human Settlements Programme. World Cities Report 2022 [R]. 2022.

② United Nations Human Settlements Programme. Future City Advisors' Outlook 2023: Digital Innovation Enabling the Net-Zero Carbon Transformation of Cities [R]. 2023.

略，以实现碳减排目标。二是已有研究方法未能同时考虑到城市扩张与碳排放之间固有的空间属性及其传导机制，可能导致研究结果存在偏差或不一致。基于此，本章旨在从空间相互作用和传导机制的角度出发，通过理论和实证相结合的方式，深入探究城市扩张对碳排放的影响。本章的边际贡献在于：从研究视角来看，在考虑空间相互作用的基础上，为理解城市扩张对当地及周边城市碳排放的非线性影响提供了新的见解。就研究框架而言，通过打开理论机制的"暗箱"，为理解城市扩张、工业发展与碳排放之间的相互作用提供了更为全面的认识。从实践意义上看，通过探索合理的城市扩张界限，为当前城市化背景下实现碳中和目标提供了科学参考。

第一节　理论框架与研究假设

一、直接效应

在经济繁荣与人口增长的双重驱动下，城市扩张具有合理的扩张范围和土地—人口比。城市用地规模过小会对城市经济增长产生"阻尼效应"，而过大的城市用地规模则可能导致土地利用的粗放化以及城市无序的扩张（Peng & Huang，2015）。因此，不同程度的城市扩张对碳排放的影响呈现出差异性。

适度的城市扩张可以优化城市空间布局，进而抑制碳排放。首先，它通过扩大城市发展空间和分散非核心功能的方式来缓解"拥挤效应"，从而减轻城市病（由城市地区人口密集所带来的经济、社会与环境问题），实现人口的合理分散，降低交通拥堵与人口密度对碳排放的推动作用。人口、土地与产业之间的最优平衡状态，有利于形成合理的空间结构、适宜的群体布局以及均衡的职住比例，为减少碳排放提供有力支持。其次，功能分散所带来的城市空间释放，为城市生态绿地系统与绿色开放空间的建设提供了宝贵机会。最后，通过增加造林面积、绿化带以及社区公园等绿色空间，可以显著提升建成区的植被碳储存能力，进而增强对二氧化碳排放的吸收潜力。

当土地增长速度远超人口增长速度时，不可避免地会产生负外部性。首先，城市建成区主要用于商业、工业和住宅用途，导致绿地连通性下降，破碎化程度加剧。建成区的大规模扩张侵占了森林、园林和湿地，削弱了区域碳循环的自我调节能力和稳定的反馈机制。其次，过度的城市土地扩张还会导致城市空间形态趋于分散，增加对交通的依赖，使得客货周转量大幅提升。通勤距离的增加以及居民对机动车辆的偏好，显著加剧了交通领域的碳排放（Yang et al.，2022）。最后，城市扩张还会推动基础设施和公共服务设施需求的增加，从而进一步加大能源消耗和碳排放量。

综上分析，城市扩张对碳排放的影响是动态的，主要取决于城市扩张的程度。适度的城市扩张可以抑制碳排放，而一旦扩张过度形成城市蔓延，则会加剧碳排放。即城市扩张对碳排放的影响呈"U"形曲线关系，拐点处即为适度扩张与过度扩张的分界点。

由此提出假设七：城市扩张对碳排放的直接效应呈现"U"形曲线关系。

二、空 间 效 应

就城市扩张的空间影响而言，其作用范围可拓展至中国政府土地供给的策略互动行为之中。中国实行的是以土地经济管理分权与土地行政集权约束为基本特征的土地制度。为了缓解行政责任与财政权力间的失衡状况，拥有土地分配决策权的地方政府进行以土地为核心的城市扩张，并通过土地出让获得财政收入（Fan & Zhou，2019）。由于理性预期与策略博弈的存在，地方政府会根据其他竞争对手的状况灵活调整自身的城市发展模式。除了城市扩张产生的空间效应外，碳排放不仅是单个城市独立活动的直接产物，同时也是"城市体系"内部相互作用与影响的结果（Vander Borght & Barbera，2023）。因此，碳排放不可避免地会对相邻地区产生扩散或极化影响（Fang et al.，2022）。

从本质层面剖析，空间相互作用决定城市扩张对碳排放的空间溢出效应。首先，为推动区域发展，地方城市进行适度的城市扩张，而周边城市则模仿和学习其扩张模式。其次，周边城市竞相实施大规模的城市扩张策略，以期吸引更多的新居民和投资者，但放松了对碳排放的监管力度，从而导致"逐底竞争"的局面。最后，地方城市过度扩张所带来的环境风险与问题对周边地区起到警示作用，促使它们采取更加合理的城市扩张模式，以有效减缓碳排放。

综上，在考虑空间相互作用的影响下，地方城市扩张对周边城市碳排放的空间溢出效应与直接效应呈现出截然相反的趋势，这主要归因于示范效应与警示效应的作用。适度的地方城市扩张可能会加剧周边城市的碳排放问题，而过度的地方城市扩张则可能会抑制周边城市的碳排放。因此，地方城市扩张对周边城市碳排放的空间溢出效应呈现倒"U"形曲线关系。

由此提出假设八：地方城市扩张与周边城市的碳排放之间存在倒"U"形的空间溢出关系。

三、间接效应

城市扩张可以通过多种途径对碳排放产生显著的间接效应（库科宁等，2022）。由于工业发展在能源消费中的重要作用（姚洋等，2018），其成为连接城市扩张与碳排放之间的关键纽带。为了深入探讨此间接效应，选取产业结构升级和产业集聚作为中介变量来打开"暗箱内容"。

（一）产业结构升级

城市扩张程度对产业结构具有动态影响。适度的城市扩张促使城市郊区的产业结构由农业向二三产业转型。在此过程中，第三产业凭借低门槛和高劳动力需求，成为吸收第一产业转移劳动力的主体，为产业结构升级创造了有利条件。此外，根据亚当·斯密的劳动分工理论，适度的城市扩张能扩大市场规模，促进劳动分工，提高劳动生产率。这些因素最终推动了产业结构调整和升级。相反，城市规模过度扩张则对产业结构升级产生不利影响。若只注重扩张速度而忽视实际需求，将导致低水平和重复性建设。这不仅会增加劳动密集型产业和污染密集型产业的比重，还会阻碍技术创新，进而加大产业升级难度。此外，超出合理规模的城市建设带来高昂的外部成本，并导致资源错配，对产业结构优化升级构成严峻挑战。

产业结构升级被视为减少碳排放的有效措施（Brännlund et al., 2014），即从资源密集型产业向技术密集型产业转型。在此过程中，对钢铁、水泥等资源的需求大幅减少，从而降低化石能源燃烧所产生的碳排放。同时，技术密集型产业、高端制造业以及服务业的快速发展降低对自然资源的依赖程度（Zhang et al., 2023）。因此，随着落后产能的逐步淘汰和节能技术的持续进步，碳排放得到有效控制。

由此提出假设九：城市扩张可以通过产业结构升级影响碳排放水平。

（二）产业集聚

城市扩张与产业集聚间的关系错综复杂。适度扩张时，新开发区域能同步完善基础设施和公共服务设施建设，吸引新产业与剩余劳动力，以规避城市中心高昂的地价和严格的法规限制。相似或上下游产业的地理集聚，利于形成规模经济效应。然而，随着城市的持续快速扩张，不同地区的产业将变得更加分散，相互联系逐渐减少。"遍地开花"的发展模式易导致恶性竞争和重复建设，从而偏离当地地区的比较优势和资源禀赋。企业间供需不匹配和流通效率低下导致合作成本高，经济效益差，进而阻碍产业集聚发展。加之城市扩张过快导致基础设施和公共服务设施建设落后，难以吸引并留住人才，进一步制约企业发展。产业链不完整与公共服务失衡问题交织，对产业集聚造成不利影响。

进一步探讨产业集聚对碳排放的影响。一方面，新工厂或产业园区的建设不可避免地导致对资源和能源的需求增加。同时，产业集聚伴随着人口集中，农村居民迁移到城市地区并采用能耗较高的生活方式，导致生产和消费环节的能源需求大幅增加，进而产生大量碳排放。另一方面，严格的环境法规和产业集聚引发的市场竞争促使企业发展低碳技术以保持盈利能力。产业集聚带来的资源集中利用和污染控制也为碳减排创造了有利条件。然而，由于发展周期长和技术采纳率较低等因素的限制，规模经济所带来的碳减排效益可能并不足以抵消大规模高排放产业集聚产生的碳排放。因此，产业集聚主要加剧了碳排放。

由此提出假设十：城市扩张能够通过影响产业集聚来间接影响碳排放水平。

综上分析，城市扩张与碳排放具有多维复杂的关系，理论框架如图 9 – 1 所示。

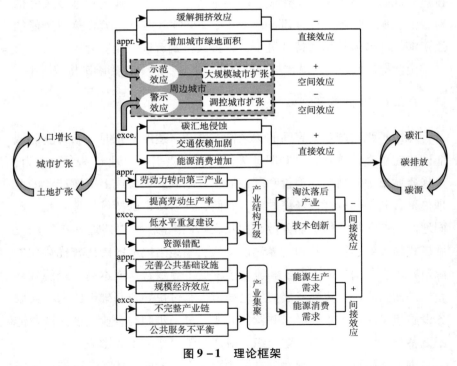

图 9 – 1　理论框架

注："appr."是城市适度扩张，"exce."是城市过度扩张。"＋"表示促进作用，"－"表示抑制作用。

第二节　变量选取与研究方法

一、变量选取与数据来源

（一）因变量

因变量为碳排放，采用单位面积碳排放量（CEs）衡量。该指标通过将城市碳排放总量除以城市建成区面积计算得出。囿于数据的可得性及计算方法的可行性，如何准确测定城市碳排放总量是个难题。

中国城市碳排放总量的计算方法主要可分为两大类（Lin & Ma，2022）。第一类方法是直接依据化石能源的消耗量来计算碳排放。但该方法受限于不同城市缺乏统一且全面的能源消耗清单，尤其是在对更广泛区域及更长时间跨度的城市碳排放进行评估时。例如，中国碳排放数据库（CEADs）（Shan et al.，2019）所发布的中国城市排放清单已在相关研究中得到广泛应用。CEADs 无法覆盖中国 284 个地级及以上城市的完整样本，不适合作为本章的数据来源。第二类方法则是利用卫星观测所得的夜间灯光数据来估算全面且具有可比性的碳排放。其中的典型代表是人类活动产生的二氧化碳开源数据集（ODIAC），这是一个高分辨率的网格化排放数据集，提供了全球范围内由化石燃料燃烧所产生的碳排放分布情况（Oda et al.，2018）。该数据集涵盖了包括由固体、液体和气体燃料燃烧所产生的陆地排放在内的多种排放源，与本章的研究范围更为契合。由于 ODIAC 对大多数城市的广泛覆盖以及在文献中的高引用率（Vander Borght & Barbera，2023），因此选择 ODIAC 作为城市碳排放总量的数据来源。基于该数据集，提取了中国的网格化排放数据，并将月度数据汇总为年度数据，以进行实证分析。

（二）核心自变量

核心自变量为城市扩张（UE）。由于中国独特的行政体制和城市化模式，城市扩张既表现为外部空间结构上的变化，也表现为内部社会经济特征上的变化（Shi et al.，2020）。其中，土地扩张和人口扩张构成了城市扩张的两大核心维度。为了拓展汪伟等（Wang et al.，2015）的研究成果，采用以下公式来反映由于土地与人口扩张速度不一致导致的城市扩张情况：

$$UE_{it} = (LUR_{it}/LUR_{i0})/(PUR_{it}/PUR_{i0}) \qquad (9-1)$$

其中，UE_{it} 表示城市 i 在第 t 年的城市扩张，LUR_{it} 和 PUR_{it} 分别表示当期的建成区面积和城镇人口。LUR_{i0} 和 PUR_{i0} 分别表示基期的建成区面积和城镇人口。由于《中国城市建设统计年鉴》从 2006 年开始收录城市人口数据，因此以 2006 年为基期计算 2007～2019 年的城市扩张情况。

（三）中介变量

中介变量为产业结构升级（ISU）和产业集聚（IA）。通过采用夹角余弦法（Fu，2010）来反映第一产业、第二产业和第三产业的演变情况，进而衡量产业结构升级程度。具体操作步骤如下：首先，将三个产业增加值占 GDP 的比例构造成一个三维空间向量 $A_0 = (a_1, 0, a_2, 0, a_3, 0)$，然后分别计算出 A_0 与 $A_1 = (1, 0, 0)$ $A_2 = (0, 1, 0)$ $A_3 = (0, 0, 1)$ 之间的夹角 θ_j。最后，通过以下公式来衡量产业结构升级程度：

$$\theta_j = \arccos\left[\frac{\sum_{i=1}^{3}(a_{i,j} \times a_{i,0})}{\sqrt{\sum_{i=1}^{3}a_{i,j}^2} \times \sqrt{\sum_{i=1}^{3}a_{i,0}^2}}\right], \quad j = 1, 2, 3 \qquad (9-2)$$

$$ISU = \sum_{k=1}^{3}\sum_{k=1}^{k}\theta_j \qquad (9-3)$$

对于产业集聚（IA），通过借鉴构建产业协同集聚指数的做法来评估（Yang，2013），具体公式如下：

$$aggl_r = (p_{ir} / \sum_i p_{ir}) / (\sum_i p_{ir} / \sum_i \sum_r p_{ir}) \qquad (9-4)$$

$$IA = 1 - \frac{|aggl_{r2} - aggl_{r3}|}{|aggl_{r2} + aggl_{r3}|} \qquad (9-5)$$

其中，$aggl_r$ 为 r 产业集聚的区位熵，p_{ir} 表示城市 i 中 r 产业的就业总量；$r2$ 和 $r3$ 分别代表第二产业和第三产业。

（四）控制变量

控制变量为：（1）经济发展（EC），采用城市人均可支配收入来衡量，并引入经济发展的二次项（EC^2），以阐释环境库兹涅茨曲线假说中经济发展与环境质量间的非线性关系。（2）创新水平（IL），则通过计算每万人拥有的专利授权数来量化。（3）开放程度（OU），通过外资实际利用额占 GDP 的比例反映。（4）人口规模（PS），以人口密度作为代理变量。（5）能源强度（EI），通过总耗电量来衡量。

为确保模型的稳健性，进行多重共线性诊断。结果显示，所有变量的方差膨胀因子（VIF）值均小于 4，表明模型中不存在严重的多重共线性问题。

（五）数据来源

研究数据的范围涵盖了中国 2007~2019 年 284 个地级及以上城市。碳排放总量数据来源于 ODIAC。城市建成区和城市人口数据来源于《中国城市建设统计年鉴》（2006~2019）。城市人均可支配收入数据来源于各城市统计局。专利授权数来源于中国研究数据服务平台。产业结构升级、产业集聚、实际利用外资、国内生产总值、总人口和总耗电量等原始数据来源于《中国城市统计年鉴》（2008~2020）。采用插值法对缺失值进行填补。货币单位根据当前汇率转换为人民币。所有与价格相关的数据均基于 2007 年进行通胀调整。除比率外，其他数据（包括 CE、ED、IL、PS 和 EI）均通过自然对数进行标准化处理，以消除量纲差异对模型结果的影响。为避免数据异常值的影响，根据上下 1% 对数据进行截尾处理。描述性统计结果如表 9-1 所示。

表 9 - 1 描述性统计

变量	变量符号	单位	最小值	最大值	平均值	标准差
碳排放量	CE	吨/平方千米	27152.9258	1969960.8700	298802.9853	234153.0551
城市规模	US	—	0.5663	4.4989	1.3084	0.3843
产业结构升级	ISU	—	5.3895	7.8361	6.4539	0.3561
产业集聚	IA	—	0.1077	0.9999	0.7684	0.1630
经济发展水平	ED	元	6081.0000	29383.1236	13908.0070	3543.2181
创新水平	IL	件/10^4 人	0.0109	307.1187	8.4007	20.2384
开放程度	OU	—	0.0000	0.2186	0.0179	0.0189
人口规模	PS	人/平方千米	15.1000	2479.0000	149.5004	194.6687
能源强度	EI	10^8 千瓦时	11.0856	931.4639	120.6260	118.5467

二、实证模型

(一) 空间自相关分析

采用全局 Moran's I 来描述空间相关性和异质性的总体特征, 其计算公式为:

$$I = \frac{n \sum_{i=1}^{n} \sum_{j=1}^{n} w_{ij}(x_i - \bar{x})(x_j - \bar{x})}{\sum_{i=1}^{n} \sum_{j=1}^{n} w_{ij} \sum_{i=1}^{n}(x_i - \bar{x})^2} \qquad (9-6)$$

其中, n 代表城市个数, x_i 和 x_j 分别代表城市 i 和城市 j 中的变量值, x 为观测变量的平均值, w_{ij} 为空间权重矩阵。$I \in [0, 1]$ 表示空间正相关, $I \in [-1, 0]$ 表示空间负相关, $I = 0$ 表示空间随机分布。并构造标准化统计量 $Z(I)$ 来检验统计显著性, 公式如下:

$$Z(I) = [I - E(I)] / \sqrt{Var(I)} \qquad (9-7)$$

$Z(I)$ 显著为正表明区域间的相似性值趋于聚集，显著为负表示分散，0 则表示随机分布。

局部 Moran's I 能够识别相邻城市间存在空间集聚和变化的单元或子区域，其计算方法如下：

$$I_i = \frac{(x_i - \bar{x}) \sum\limits_{j} w_{ij}(x_j - \bar{x})}{\sum\limits_{j} (x_j - \bar{x})^2} \qquad (9-8)$$

（二）空间杜宾模型（SDM）

如上文所述，城市扩张与碳排放均存在空间溢出效应。由于空间相关性既来自因变量也来自自变量，因此空间杜宾模型被视为空间计量模型的最佳选择，其估计可通过以下公式实现：

$$Y = \rho WY + \beta X + \gamma WX + \varepsilon \qquad (9-9)$$

根据城市扩张与碳排放呈现非线性关系的假设，在模型中加入城市扩张的二次项（UE^2），并控制时间固定效应和个体固定效应，可以推广为：

$$
\begin{aligned}
\ln CE_{it} = {} & \alpha_0 + \rho_0 \sum_{i=1}^{n} W_{ij} CE_{it} + \beta_1 UE_{it} + \gamma_1 \sum_{i=1}^{n} W_{ij} UE_{it} + \beta_2 UE_{it}^2 \\
& + \gamma_2 \sum_{i=1}^{n} W_{ij} UE_{it}^2 + \sigma \sum Controls_{it} + \tau \sum_{i=1}^{n} W_{ij} C\, ontrols_{it} \\
& + \delta_i + \theta_i + \varepsilon_{it} \qquad (9-10)
\end{aligned}
$$

其中，i 代表城市，t 代表年份。$Controls_{it}$ 代表控制变量。W_{ij} 为地理经济嵌套矩阵，根据韩（Han，2020），α_0 为常数项，δ_i 为个体固定效应，θ_i 为时间固定效应，β_1、β_2、σ 为回归系数，ρ_0、γ_1、γ_2、τ 为空间滞后系数。

（三）中介效应模型

利用因果步骤法（Baron & Kenny，1986）检验城市扩张与碳排放之间的传导机制。自变量（X）通过中介变量（M）间接影响因变量（Y）的基本模型表示如下：

$$Y = cX + e_1 \qquad (9-11)$$

$$M = aX + e_2 \qquad (9-12)$$

$$Y = c'X + bM + e_3 \qquad (9-13)$$

根据理论分析，产业结构升级（ISU）和产业集聚（IA）都是中介变量，因此将基本中介模型扩展为并行多重中介模型。由于空间相互作用和空间依赖性，空间效应在中介模型中不可忽视。结合空间杜宾模型的基本公式式（9-9）和中介效应的检验过程［式（9-11）、式（9-12）、式（9-13）］，关系可以通过如下公式检验：

$$ISU_{it} = \alpha_1 + \rho_1 \sum_{i=1}^{n} W_{ij} ISU_{it} + \varphi_1 UE_{it} + \xi_1 \sum_{i=1}^{n} W_{ij} UE_{it} + \varphi_2 UE_{it}^2$$

$$+ \xi_2 \sum_{i=1}^{n} W_{ij} UE_{it}^2 + \varphi \sum Controls_{it} + \kappa \sum_{i=1}^{n} W_{ij} Controls_{it}$$

$$+ \delta_i + \theta_i + \varepsilon_{it} \qquad (9-14)$$

$$IA_{it} = \alpha_2 + \rho_2 \sum_{i=1}^{n} W_{ij} IA_{it} + \psi_1 UE_{it} + \omega_1 \sum_{i=1}^{n} W_{ij} UE_{it} + \psi_2 UE_{it}^2$$

$$+ \omega_2 \sum_{i=1}^{n} W_{ij} UE_{it}^2 + \varepsilon \sum Controls_{it} + \varpi \sum_{i=1}^{n} W_{ij} Controls_{it}$$

$$+ \delta_i + \theta_i + \varepsilon_{it} \qquad (9-15)$$

$$\ln CE_{it} = \alpha_3 + \rho_3 \sum_{i=1}^{n} W_{ij} CE_{it} + \eta_1 UE_{it} + \zeta_1 \sum_{i=1}^{n} W_{ij} CE_{it} + \eta_2 UE_{it}^2$$

$$+ \zeta_2 \sum_{i=1}^{n} W_{ij} UE_{it}^2 + \eta_3 ISU_{it} + \zeta_3 \sum_{i=1}^{n} W_{ij} ISU_{it} + \eta_4 IA_{it}$$

$$+ \zeta_4 \sum_{i=1}^{n} W_{ij} IA_{it} + \nu \sum Controls_{it} + \upsilon \sum_{i=1}^{n} W_{ij} Controls_{it}$$

$$+ \delta_i + \theta_i + \varepsilon_{it} \qquad (9-16)$$

其中，α 为常数项，φ、ψ、ε、η 和 ν 为回归系数，ρ、ξ、κ、ω、ϖ、ζ 和 υ 为空间滞后系数。式（9-10）、式（9-14）、式（9-15）、式（9-16）共同构成平行多重中介效应检验的过程，如图9-2所示。

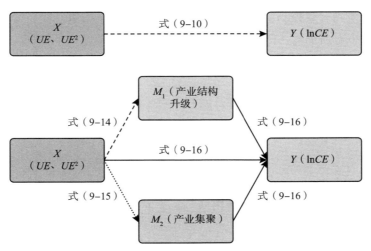

图 9 - 2 并行多重中介模型的检验过程

第三节 实证结果分析

一、城市扩张与碳排放的时间模式

图 9 - 3 揭示了 2007 ~ 2019 年我国城市扩张与碳排放的演变趋势。在此期间，城市扩张的平均值超过 1 且呈上升趋势（如图 9 - 3（a）所示），表明多数城市的土地扩张速度快于人口增长率。箱形图进一步揭示了城市间扩张程度的显著差异，部分城市经历了显著的大规模扩张。总体而言，城市扩张现象普遍存在，但主要以中低程度的扩张为主，高度蔓延的城市扩张在这一时期较为罕见。

至于碳排放方面，其单位面积排放量则呈现出先增后减的趋势（如图 9 - 3（b）所示）。自 2007 年以来，城市化和工业化对资源和能源的需求不断增长，碳排放量持续上升。但自 2011 年起，由于我国高度重视节能减排并出台了一系列政策（如低碳城市试点政策），碳排放的增长势头得到有效控制。此后，每平方千米碳排放平均值开始下降，高值异常值也有所缩减。随后，每平方千米的碳排放量进入平稳期，2016～2019 年的碳排放量下降趋势不再显著。

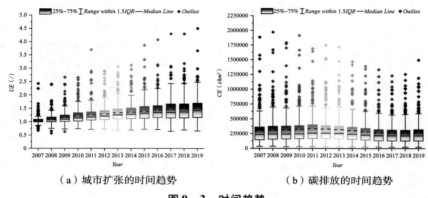

（a）城市扩张的时间趋势　　　　　　　（b）碳排放的时间趋势

图 9 - 3　时间趋势

二、城市扩张与碳排放的空间模式

（一）空间相关性结果分析

全局 Moran's I（见表 9 - 2）的结果显示，大部分检验结果显著为正，说明城市扩张与碳排放均呈现正空间自相关关系。Moran 散点图显示了城市扩张和碳排放的高—高和低—低集聚的极化趋势（如图 9 - 4 所示）。

表 9 - 2　　　　　　　　　　　全局 Moran's I

年份	城市扩张		碳排放	
	Moran's I	z 值	Moran's I	z 值
2007	- 0. 010 *	- 1. 393	0. 061 ***	12. 677
2008	- 0. 003	0. 163	0. 059 ***	12. 214

年份	城市扩张		碳排放	
	Moran's I	z 值	Moran's I	z 值
2009	0.015 ***	3.589	0.063 ***	12.942
2010	0.010 ***	2.730	0.062 ***	12.719
2011	0.028 ***	6.146	0.063 ***	13.039
2012	0.015 ***	3.609	0.062 ***	12.735
2013	0.012 ***	3.043	0.063 ***	13.002
2014	0.007 **	2.059	0.066 ***	13.513
2015	0.007 **	2.045	0.071 ***	14.592
2016	0.005 *	1.602	0.074 ***	15.198
2017	0.011 ***	2.890	0.080 ***	16.450
2018	0.015 ***	3.590	0.082 ***	16.707
2019	0.010 ***	2.559	0.083 ***	16.926

注：* 、** 、*** 分别表示在10%、5%和1%水平上显著。

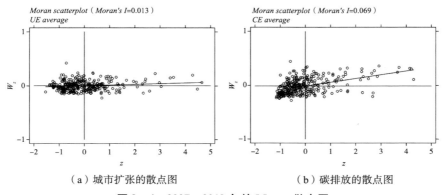

（a）城市扩张的散点图　　　　　（b）碳排放的散点图

图 9-4 2007~2019 年的 Moran 散点图

（二）空间分布结果分析

对 2007~2019 年中国各地区热点指数进行时空演变分析，了解到中国不同地区在经济发展、社会活跃度及关注度方面的显著差异及其变化趋势。其中，2007 年，中国正处于快速城市化阶段，"新城"和"卫星城"的建设热潮推动城市用地面积急剧扩大。由于户籍制度限制和城市定居成本上升，人口非农化速度未能与城市扩张同步，导致人口与土地的不匹配，城市无序扩张显著，热点区域遍布全国；2011 年，随着政府出台政策建立城市发展界限，城市扩张速度得到有效控制，热点区域逐渐集中于南方及经济特区。与此同时，为促进区域均衡发展，政府向中西部地区倾斜建设用地指标，使得 2015～2019 年中西部地区的城市扩张热点显著增多。总体来看，城市扩张热点的时空演变不仅体现了城市化进程中的区域差异，也反映了政策调控对城市发展格局的深远影响。东南沿海及经济发达地区始终是城市扩张的核心区域，而中西部地区的热点增多则表明政策引导下区域发展趋于均衡。

同时，对 2007～2019 年中国碳排放的空间分布及其随时间的演变进行了分析，最显著的特征是碳排放呈现出明显的"北热南冷"格局，这一格局在观察期内保持相对稳定。这种分布与秦岭—淮河线所划定的地理界限高度吻合，反映了中国冬季供暖政策的影响。北方地区，尤其是东北部和华北平原，持续呈现高热点指数，这与该地区广泛使用煤炭作为冬季供暖能源密切相关。北京及其周边地区在所有年份中都保持最高的热点指数，突显了这一区域集中的能源消耗和碳排放。相比之下，长江以南地区普遍呈现较低的热点指数，形成了稳定的碳排放冷点区域。这种分布可能归因于南方地区较为发达的轻工业、服务业和高科技产业结构，这些产业对煤炭的依赖程度较低，因而碳排放强度相对较小。值得注意的是，2007～2019 年，东北部地区的热点指数有所增加，这可能反映了该地区在这段时期内能源消耗和经济活动的增长；东部沿海地区，特别是长江三角洲地区，也持续保持较高的热点指数，可能与该地区密集的工业活动和城市化进程有关。总的来说，中国碳排放的地理分布特征反映了区域发展不平衡、能源政策差异以及产业结构多样性对碳排放的深远影响。这种"北热南冷"的稳定格局凸显了在制定减排策略时考虑区域特征和差异化政策的重要性。

对比城市扩张和碳排放的空间分布及变化趋势，发现并不一致，说明两者之间可能不存在线性依赖关系。事实上，不同程度的城市扩张在抑制或加速碳排放方面具有不同的作用。同时，城市扩张与碳排放的关系受到经济发展、产业结构、创新水平、对外开放政策、人口规模、能源强度等诸多外部因素的影响。因此，城市扩张的热点和碳排放在一定时期内可能不同步。空间计量模型的应用有望准确揭示城市扩张与碳排放的非线性关系及其影响机制。

三、空间计量模型的判断

为确定空间计量经济模型的具体形式，根据洛斯特（Elhorst，2014）的方法，采用 LM 检验、Wald 检验、LR 检验和 Hausman 检验（见表 9-3）。LM 检验的显著结果证实了空间自相关效应的存在，空间计量经济模型更为合适。Wald 检验与 LR 检验的显著估计值则表明，空间杜宾模型（SDM）无法简化为空间误差模型或空间滞后模型。除式（9-10）外，三个模型的 Hausman 检验结果均具有显著性。由于其更好的适用性，最终选择固定效应模型。因此，采用偏差校正的准最大似然估计方法（BC-QML）进行实证分析。

表 9-3　　　　　　　　空间计量模型的判断

内容	方法	式（9-10）	式（9-14）	式（9-15）	式（9-16）
空间效应检验	LM 检验（Lag）	57.0430***	144.5926***	60.2768***	54.0507***
	LM 检验（Error）	57.2785***	130.7401***	40.2106***	53.7947***
简化的空间杜宾模型检验	Wald 检验（Lag）	82.1904***	61.2291***	147.8274***	95.4850***
	LR 检验（Lag）	88.1337***	66.4641***	159.5078***	102.3364***
	Wald 检验（Error）	80.4426***	68.0300***	158.155***	93.9409***
	LR 检验（Error）	87.2162***	73.9680***	175.2448***	102.2058***
固定效应检验	Hausman 检验	14.4241	29.4049**	36.5526***	69.6448***

注：**、***分别表示在 5% 和 1% 水平上显著。

四、直接效应和空间效应分析

式（9-10）的回归结果显示碳排放的空间自相关系数 ρ 显著为正（见表9-4），意味着碳排放具有明显的空间溢出特征。一个城市碳排放量的增长能显著增加周边城市的碳排放量，表明城市之间存在"逐底竞争"的策略互动行为。

表9-4 基本模型的实证结果

变量	式（9-10）	变量	式（9-10）
UE	-0.4789 *** (-10.1209)	$W \times UE$	0.4680 *** (3.4052)
UE^2	0.0468 *** (3.4783)	$W \times UE^2$	-0.1035 ** (-2.5066)
$\ln ED$	7.4871 *** (4.6743)	$W \times \ln ED$	-3.0581 (-1.0212)
$(\ln ED)^2$	-0.3934 *** (-4.6468)	$W \times (\ln ED)^2$	0.1552 (0.9791)
$\ln IL$	-0.0285 *** (-4.6419)	$W \times \ln IL$	-0.0701 *** (-5.1972)
OU	1.0919 *** (5.0929)	$W \times OU$	-1.1843 ** (-2.2105)
$\ln PS$	0.0655 *** (4.7123)	$W \times \ln PS$	0.1491 *** (3.9212)
$\ln EI$	0.2572 *** (3.9546)	$W \times \ln EI$	0.4103 *** (2.7472)
ρ	0.2122 *** (7.6772)		
对数似然值	2791.6608		
R^2	0.9711		
样本数（N）	3692		

注： ** 、 *** 分别表示在5%和1%水平上显著；括号内为 t 值。

由于 $\rho \neq 0$，点估计结果无法精确反映边际效应（LeSage & Pace，2009）。因此，采用偏微分方法，将总效应分解为直接效应和空间（间接）效应，具体结果见表9-5。

表9-5 空间分解效应的实证结果

变量	直接效应	空间效应
UE	-0.4693 *** (-10.1270)	0.4510 *** (2.6054)
UE^2	0.0445 *** (3.4074)	-0.1147 ** (-2.2057)
$\ln ED$	7.4299 *** (4.8142)	-1.7962 (-0.5346)
$(\ln ED)^2$	-0.3907 *** (-4.7914)	0.0879 (0.4947)
$\ln IL$	-0.0308 *** (-4.9210)	-0.0945 *** (-5.7285)
OU	1.0512 *** (4.9742)	-1.1986 * (-1.8804)
$\ln PS$	0.0703 *** (5.0963)	0.2017 *** (4.2546)
$\ln EI$	0.2753 *** (4.2952)	0.5868 *** (3.1685)

注：*、**、***分别表示在10%、5%和1%水平上显著；括号内为t值。

在直接效应方面，UE 显著为负，而 UE^2 为正，表明城市扩张在中国不同发展阶段对碳排放具有推动与抑制的双重作用，呈现出"U"形曲线关系（支持假设七）。当城市进行低水平和合理的扩张时，城市扩张会抑制本地碳排放。但当城市扩张超过曲线拐点时，粗放式的城市蔓延会显著增加碳排放。

控制变量与碳排放的关系表现出多样性：经济发展与碳排放在1%的显著性水平上呈倒"U"形曲线关系，为环境库兹涅茨曲线假说提供了实证支持；创新水平因推动低碳产业发展而有效减少碳排放；而对外开放、人口规模和能源强度则显著加剧了碳排放。

在空间效应方面，UE 和 UE^2 的回归系数分别为正和负，表明本地城市扩张与周边城市碳排放间呈倒"U"形曲线关系（支持假设八）。本地城市适度的城市扩张所带来的碳排放抑制和有利的发展优势可以为周边城市起到示范作用。然而，周边城市在模仿扩张模式时往往忽视自身需求，导致碳排放增加。相反，本地城市过度扩张造成的环境恶化则警示周边城市采取合理的扩张模式。因此，城市扩张对本地和周边城市碳排放的影响呈现出相反的曲线关系。

在控制变量方面，本地城市的创新发展和对外开放有利于周边城市的碳减排，而较大的人口规模和较高的能源强度则会增加周边城市的碳排放。

五、传导机制分析

式（9-14）揭示了城市扩张与产业结构升级之间存在显著的倒"U"形曲线关系。在城市扩张未达到拐点前，土地扩张与人口增长相匹配，促进了资源优化配置，有利于产业结构升级。然而，过度的城市扩张导致运营成本增加，先进技术研发投入减少，从而抑制产业结构升级。但本地城市的这种扩张现象对周边城市产业结构升级的溢出效应并不明显。中介效应模型的实证结果见表9-6。

表9-6 中介效应模型的实证结果

效应类型	变量	式（9-14）产业结构升级	式（9-15）产业集聚	式（9-16）碳排放
直接效应	城市扩张	0.0604 * (1.9643)	0.0024 (0.0670)	-0.4653 *** (-9.4974)

效应类型	变量	式（9-14）	式（9-15）	式（9-16）
		产业结构升级	产业集聚	碳排放
直接效应	城市扩张的二次项	-0.0163* (-1.8798)	-0.0021 (-0.2140)	0.0436*** (3.1122)
	产业结构升级			-0.1134*** (-4.4813)
	产业集聚			0.0617*** (2.7891)
空间效应	城市扩张	-0.0190 (-0.1505)	-0.3237** (-2.5555)	0.4599*** (2.6019)
	城市扩张的二次项	0.0450 (1.1801)	0.0731* (1.9218)	-0.1115** (-2.1096)
	产业结构升级			-0.1352* (-1.8315)
	产业集聚			-0.1828*** (-2.8322)
控制变量		YES	YES	YES
ρ		0.2996*** (11.2652)	0.1709*** (6.1012)	0.2081*** (7.5260)
对数似然值		4341.9155	3784.1368	2814.1385
R^2		0.9552	0.7129	0.9715
样本数（N）		3962	3962	3962

注：*、**、***分别表示在10%、5%和1%水平上显著；括号内为t值。

城市扩张对产业集聚的直接效应表现出不显著的倒"U"形关系，而空间溢出效应则表现出显著的"U"形关系。本地城市扩张先促进后抑制周边城市的产业集聚。在理性决策基础上，周边产业向特定城市集聚以追求良好的市场环境，抑制周边城市的产业集聚。但随着本地城市的过度扩张，产业为避免市场风险和供需矛盾而退出本地市场，并向周边地区转移，从而促进周边城市的产业集聚。

从直接效应来看，UE 和 UE^2 的系数分别为负和正。将产业结构升级和产业集聚作为中介变量纳入模型时，城市扩张与碳排放的"U"形关系依然稳健。分析表明，产业结构升级显著抑制碳排放，而产业集聚显著增加碳排放。从空间效应来看，本地城市扩张与周边城市碳排放呈倒"U"形关系。由于模仿效应，本地产业结构升级抑制了周边地区的碳排放，而本地产业集聚通过"虹吸效应"降低了周边地区的碳排放。

结合表9-5和表9-6的估计结果，本地城市扩张通过产业结构升级间接影响本地碳排放，并通过产业集聚影响周边城市碳排放。产业结构升级和产业集聚在传导机制中起中介作用。上述研究结果为假设九和假设十提供了实证支持。

六、城市扩张的合理限度

适度的城市扩张是指城市内部紧凑有序的用地布局，既能满足生产生活需要，又能促进社会经济发展（Guan et al.，2020）。相比之下，当超过合理范围时，低密度、低效率的城市扩张会导致城市蔓延，表现为土地扩张速度远远超过人口增长率（Guan et al.，2020）。因此，确定合理的城市扩张范围对于缓解城市蔓延的负面效应至关重要。研究结果表明合理的城市扩张范围能够减少碳排放，并促进产业发展。短期内，产业集聚虽然会增加本地碳排放，但长期来看有利于资源集约利用和整体效益提升。图9-5展示了实证检验中验证的显著关系：直接效应上，城市扩张与碳排放呈"U"形关系，而与产业结构升级呈倒"U"形关系。拐点以下的城市扩张有利于抑制碳排放并促进产业结构升级。空间效应上，本地城市扩张与周边城市产业集聚呈"U"形关系，与相邻地区碳排放呈倒"U"形关系，超出拐点的扩张能促进碳减排和周边产业集聚。综合考虑以上区间的交点（见图9-5（b）），城市扩张指数在2.2141～5.2730之间有利于抑制本地和周边城市的碳排放，

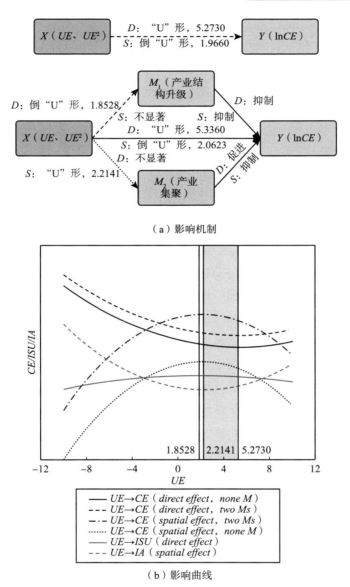

（a）影响机制

（b）影响曲线

图 9 - 5　城市扩张、碳排放、产业结构升级和产业集聚之间的关系

注：（a）D 和 S 分别代表直接效应和空间效应，数字表示曲线的拐点。（b）曲线仅反映
了影响关系的方向和拐点，没有实际意义。M 代表中介变量。

并加速周边城市的产业集聚；而指数在 1.8528 以下则有利于本地的产业结构升级。因此，城市扩张应限制在土地扩张速度为人口扩张速度的两倍左右，以促进碳减排和产业集聚，并减少产业结构升级损失。根据测算结果［见图 9 – 3（a）］，部分城市的土地扩张速度已超过人口增长速度的两倍，因此需认真对待城市过度扩张问题，防止进一步蔓延。

第四节　本章小结

城市建设用地的稀缺性和碳减排目标的紧迫性是中国高质量发展的"两难"挑战。本章通过构建城市扩张对碳排放的影响效应和传导机制的理论框架，并基于 2007～2019 年中国 284 个城市的面板数据，运用空间杜宾模型和中介效应模型进行实证检验。主要结果表明：城市扩张与碳排放存在显著的空间异质性、空间自相关性和空间溢出性。城市扩张热点由全国多点分布向区域集中分布转变，碳排放热点保持稳定的空间分布格局。城市扩张对当地碳排放具有"U"形直接影响，而在政府间策略互动下对周边城市碳排放存在倒"U"形空间溢出效应。产业结构升级和产业集聚是城市扩张影响碳排放的重要中介机制。为了促进碳减排和产业发展的同时将正向空间溢出效应最大化，城市扩张水平应限制在土地扩张率为人口增长率的两倍左右。上述研究结果强调了划定合理城市扩张阈值和重视空间策略互动对促进区域协同低碳发展的重要性。

上述研究结果从空间相互作用角度厘清了城市扩张对碳排放的影响及传导机制，比较了土地利用对碳排放影响的直接效应和间接效应大小，为缓解城市扩张和调控碳排放提供了有益启示，具体如下：

（1）城市扩张是常见的，特别是在城市化水平较低和中等的国家，主要的挑战在于如何在合理的范围内管理城市扩张。因此需要对资源环境承载力进行定期评估，并据此调整城市发展战略。对于人口过度拥挤、资源有限的特大城市而言，采取多中心的城市扩张模式，优化空间结构，缓解环境压力势在必行。相反，在人口流失、工业基础不完备的中小城市，城市增长边界的建立对于防止城市无序蔓延至关重要。在这些地区，应优先考虑未利用地存量的再开发，以提升低碳约束下的城市土地利用效率。

（2）考虑到产业结构升级的中介作用，产业结构优化和合理布局可以作为干预城市扩张和碳排放的有效策略。在扩张过程中，政府部门应加大对高耗能、高污染行业的规制力度，同时加大对低碳环保行业的投资力度。同时，在新开发地区的城市规划阶段，应秉持产业园区周到设计的原则，将低碳、环保、高效的理念融入其中。这种规划布局有助于促进产业链的战略性集中，促进技术共享和集中治污，从而提高能源利用效率，减少不必要的碳排放。

（3）空间自相关和溢出效应决定了城市扩张和碳排放的治理是全球性问题。世界各国政府不应采取"零和博弈"的思维和"逐底竞争"的方式，而应合作应对城市病和气候变化问题。具体来说，每个国家都应该探索创新的城市发展模式，如紧凑城市、绿色城市和智慧城市，以此作为实现可持续城市增长的途径。同时，国际社会应通过建立碳交易市场、制定国际气候协定、投资可再生能源技术研发等方式共同努力控制碳排放。

第十章

结语与未来展望

在中国高质量发展背景下，本书面向国家"双碳"战略需求，聚焦于土地利用碳排放效应研究，尝试解决了"土地利用对碳排放产生影响的机制和传导路径是什么""碳排放约束下土地利用效率及区域间效率协同提升的路径是什么""土地利用政策—城市发展—碳排放联合系统的作用效应是什么"等三个关键科学问题。取得的主要研究进展、重要结果及其科学意义如下。

第一，构建了土地利用对碳排放影响的理论框架，实证检验了土地利用对碳排放影响的作用机制和传导路径，并深入讨论了土地出让市场化和土地集约利用的碳排放效应传导机制和空间互动效应。

（1）土地利用对碳排放影响的理论框架。结合国内外学者研究，梳理了土地利用对碳排放影响的相关文献，总结提出土地利用对碳排放的影响分为直接效应和间接效应：直接效应为土地利用变化在自然生态系统中引起的土壤和植被碳储量的增减，实际表现为碳汇用地的减少，促进了土地利用直接碳排放；间接效应为土地利用在社会经济系统中通过影响城市化、产业结构和经济增长等碳排放的影响因素而对碳排放发生作用，实际表现为碳源用地的增加，促进了土地利用间接碳排放。

（2）土地利用对碳排放影响的作用机制和传导路径。本部分主要探索了土地利用碳排放影响的作用机制和传导路径，为制定土地调控碳减排政策体系提供科学依据，服务于碳中和目标。得出研究结果为：①农地非农化、土地出让市场化和土地开发强度是作为土地利用对碳排放影响的有效观测变量，土地利用对碳排放影响的总效应表现为正向促进作用，量化为土地利用水平提升 1 个单位，将促进碳排放增加0.159 个标准单位。②土地利用对碳排放的直接效应为 0.029 个标准单位，间接效应为 0.130 个标准单位，土地利用间接碳排放效应是直接碳排放效应的 4.5 倍效果，表明土地利用对碳排放的影响更多地表现为间接效应。③土地利用通过城市化、产业结构和经济增长三条路径对碳排放产生间接影响，其中，通过城市化和经济增长对碳排放表现为间接促进效应，影响大小分别为 0.173 个和 0.058 个标准单位，通过产业结构对碳排放表现为间接抑制效应，影响大小为 0.101 个标准单位。

该部分研究有效厘清了土地利用对碳排放影响的作用机制和传导路径，比较了土地利用对碳排放影响的直接效应和间接效应大小，为政府决策者提供了通过土地调控来促进碳减排的政策启示。具体如下：首先，从促增碳排放层面，土地利用对碳排放影响的总效应表现为促进作用，因此，减少土地利用对碳排放的促进作用为政策发力点。在减少土地利用直接促增碳排放效应上，可采取通过国土空间优化增加生态系统碳汇能力、加快推进生态保护红线划定和自然保护地整合优化等工作减少土地利用对土壤和植被碳储量的影响；在减少土地利用间接促增碳排放效应上，采取用地准入、土地规划、供地计划、土地税收等调控手段，对土地利用方式、规模、强度、结构进行调控，以此减少农地非农化和土地开发强度通过城市化和经济增长两大因素对碳排放的间接影响。其次，从抑制碳排放层面，土地利用对碳排放的影响更多地表现为间接效应，而土地利用引导产业结构调整对碳排放表现为抑制效应，且土地出让市场化是土地利用观测变量中作用效果最大的指标。因此，提高土地出让市场化程度，引导产业结构调整，推动产业结构升级，将有效服务于土地要素市场化改革和"双碳"目标，带来土地利用的正向连锁反应。最后，土地调控碳减排是在基础层面推动碳中和目标实现的自然资源管理有效应对策略，而碳中和是一项系统的工程，只有市场经济措施（碳税、碳交易）、能源结构调整和产业结构升级以及技术层面

（碳捕获与碳封存技术，CCS）等手段多管齐下，才能实现控制全球气候变化的人类命运共同体大计。

（3）土地出让市场化的碳排放效应及传导机制。该部分研究基于产业结构合理化与高级化视角梳理了土地出让市场化对碳排放影响的理论框架，构建双重固定效应模型和并行多重中介效应模型，采用2003～2019年中国省际面板数据，检验了土地出让市场化对碳排放影响的中介效应，厘清了土地出让市场化对碳排放影响的作用机制和传导路径，得出研究结论如下：土地出让市场化具有抑制碳排放的显著效应，且两者之间存在稳健的负相关关系。在控制其他碳排放影响因素的前提下，量化为土地出让市场化水平提高 1 个标准单位，对碳排放产生0.243 个标准单位的抑制作用。土地出让市场化主要通过促进产业结构合理化发展、抑制产业结构高级化份额（高级化数量）失衡、推动产业结构高质量化（高级化质量）提升对碳排放产生抑制作用，均表现为显著部分中介效应。从作用效果和传导路径来看，土地出让市场化对产业结构合理化的作用效果最大，产业结构高级化质量对碳排放的抑制效果更为显著，意味着土地出让市场化通过产业结构调整促进碳减排形成了良性传导机制。碳排放存在显著的惯性效应，同时土地出让市场化对产业结构调整和碳减排的作用效果存在动态性和延续性。上一期碳排放增加1%，当期碳排放将增长 0.399% 左右，意味着碳排放存在明显的路径依赖特征。值得关注的是，滞后一期的土地出让市场化水平依然显著提升了产业结构合理化和高级化质量，抑制了产业结构高级化数量，同时通过直接效应和中介变量传导的间接效应显著抑制了碳排放，意味着土地出让市场化能够发挥持久的政策效应。最后，需要说明的是，该研究主要从抑制碳排放的视角出发考虑土地出让市场化的效果。但外部环境的不确定性、区域发展的异质性、政策推行的有效性等因素可能引起土地出让市场化实践效果的两面性，进而使得其对碳排放的作用机理和影响关系不尽相同。该研究准确解读了土地出让市场化政策的动态性和延续性对长期碳减排的影响效果及传导机制，能够为实现土地资源的经济效益和环境效益耦合协同提供理论依据，补充并完善碳减排实现路径。

（4）土地集约利用的碳排放效应及其空间互动效应。该部分研究采用 1995～2018 年中国 30 个省级行政区的数据样本，基于空间杜宾模型和中介效应模型等计量分析技术，从空间和多重中介效应视角，对土地集约利用碳排放效应的作用机制和传导路径进行了系统而稳健的检验，得出主要研究结论如下：土地集约利用的碳排放效应具有多重性，总体来看，土地集约利用与碳排放之间存在倒"U"形曲线关系，在不同的集约阶段对碳排放的影响呈现差异性和动态性。土地集约利用水平的拐点值为 0.712，目前中国省级层面土地集约利用水平仍处于倒"U"形曲线的左侧，意味着提升土地集约利用水平的同时会导致碳排放的增加。从土地集约利用的间接碳排放效应来看，土地集约利用通过城市化和产业结构调整两条路径来间接影响碳排放，其中城市化对碳排放表现为促进作用，产业结构升级对碳排放表现为抑制作用，土地集约利用与两个中介变量之间均存在倒"U"形曲线关系，与两个中介变量关系曲线的拐点值均约为 0.45，充分表明土地集约利用通过中介变量影响碳排放是增减叠加的多重效应，具有复杂性和多变性。从空间效应来看，土地集约利用对邻近空间单元的城市化和产业结构升级分别表现为空间负溢出效应和正溢出效应，结合前述结论，认为土地集约利用会对邻近空间单元的碳排放表现为间接的抑制效应。地均碳排放的空间溢出效应表现为抑制邻近空间单元碳排放。城市化、产业结构升级、对外开放程度和市场化程度变化等会对邻近空间单元的碳排放产生空间溢出效应，除对外开放程度外，其他变量均表现为空间负溢出效应。

上述研究结论能够有效厘清土地集约利用对碳排放影响的路径演化，揭示了土地集约利用对碳排放的多层次影响，核心问题还是落脚到提升土地集约利用水平上，邻近区域间竞合关系带来的集聚效应、虹吸效应、辐射效应、溢出效应等空间效应使得每个省份都不是孤立的单元，自身的土地集约利用水平和碳排放既会影响邻近空间单元又会受邻近空间单元影响。地均碳排放的空间溢出效应表明一个省份地均碳排放的增加会导致邻近空间单元的碳排放减少，同时，邻近省份城市化进程加快、产业结构升级以及较高的市场化程度对本省份碳排放产生抑制效应，以及邻近空间单元土地集约利用水平提升会通过影响本省的城市化进程和产业结构升级来抑制本省的碳排放。因此，各省份之间协调出台提升土地集约利用水平和碳减排举措，将起到事半功倍的效果，有利于邻近空间单元联手加快实现碳减排和提高土地集约利用水平，助推中国2060年实现碳中和的目标和土地资源的可持续利用。

第二，探究了中国省域层面和山东省设区市层面土地利用碳排放效率的空间关联网络特征及形成机制（因素），为合理配置土地资源和效率协同提升提供了参考依据。

（1）中国省域土地利用碳排放效率的空间关联网络演变特征与形成机制。该研究主要对应本书中"土地利用碳排放效应收敛路径部分"，构建了土地利用碳排放效率评价指标体系，采用非期望产出 SBM 模型测算了 2002～2019 年中国省域土地利用碳排放效率值，基于社会网络分析法探讨了中国省域土地利用碳排放效率空间关联网络的演变特征及其形成机制。主要研究结论如下：从时序变化来看，2002～2019年中国省域土地利用碳排放效率呈波浪式下降，提高碳排放约束下土地利用效率的紧迫性和重要性并存；从空间分布来看，东部地区具有较高的土地利用碳排放效率值，中西部地区效率值较低，空间差异与空间集聚特征并存。从整体网络特征来看，形成了以北京、上海、江苏和浙江等为核心点的"核心—边缘"空间结构特征，网络密度呈现阶段动态变化，网络效率相对平稳，2005～2019 年等级结构更加明显，存在着较大的协同提升和优化空间。从个体网络特征来看，2002～2019 年动态变化相对稳定，受益主体分布均衡且广泛，溢出主体集中于北上广和江浙等东部发达省份同时净受益关系明显，空间关联网络中主要呈现"虹吸效应"；东部发达省份在信息资源、权力、声望及影响方面优势明显，在网络核心关系呈现上东部＞中部＞西部。块模型结果显示，净受益板块和经纪人板块成员为北京、长三角和珠三角地区的发达省份，双向溢出板块成员主要位于东北、津冀、黄河中下游地区，净溢出板块成员主要为长江中下游、西北和西南地区的中西部欠发达省份。中国省

174

域土地利用碳排放效率的空间关联网络中，多数成员以要素输出为主，表现为大量的流动要素资源向少数省份集聚的特征；省际间溢出效应远小于区域间溢出效应，且主要表现为直接效应，东北和华北地区省份发挥溢出效应的范围最小。从形成机制来看，中国省域土地利用碳排放效率空间关联网络的形成和演变受资源禀赋差异、市场机制调节、政府宏观调控和信息技术进步四种机制的影响。QAP回归结果表明，地理距离和经济发展水平差异越大越不利于空间关联网络的形成，土地利用结构和土地利用强度差异在空间关联网络形成中发挥交替反向影响，城镇化差异呈现为阶段性显著正向影响，产业结构和环境规制差异影响不明显。

上述研究结论为中国省域土地利用碳排放效率协同提升带来如下启示：首先，持续提升并稳定东部省份的土地利用碳排放效率，促进其积极发挥示范引领作用，强化"溢出高地"功能。经济发展战略的变化伴随着生产要素的集聚和扩散，在碳排放约束下土地利用效率持续降低的情境下，必须充分发挥政府宏观调控和价格、供求、竞争等市场机制的作用，保证劳动力、资本、技术、信息等流动性要素在北上广和江浙等发达省份上的充足投入，提升并稳定上述核心节点省份的土地利用碳排放效率，以此促进辐射效应和示范效应的形成。其次，打通省际间要素流动通道、打破区域间条隔，充分发挥市场机制推动要素改革和合理流动的作用。省域之间要素流动困难是土地利用碳排放效率协同提升的主要阻碍，而空间关联网络的紧密性和稳定性是其重要保障。对于所属同一板块的省份，重点在于建立高质量流动要素的共享通道，促进单项功能的转变，如推动以受益为主的北京、上海、江苏、浙江板块和广东、福建的经纪人板块向双向溢出板块转型，体现发达省份的吸引力和辐射力；促进中部地区部分省份向经纪人板块转变，特别是处于长江经济带的省份如湖北、湖南和安徽等，发挥"桥梁"和"中介"作用，传递东部对中西部地区的间接溢出效应；充分利用板块间所形成的"势能差"，促进"势能高"省份的资本、技术和人才的有序流出，同时加强"势能低"省份土地的高质量供给，并建立产业转移门槛以减少碳排放的省际间转移。最后，以国家"双碳"战略和高质量发展为指引，促成区域一体化协同稳定发展，以土地利用碳排放效率空间关联网络的影响因素为依据，重点关注地理距离邻近、经济发展水平差异小、处于土地利用结构和强度差异同频次的省份间的土地利用碳排放效率的协作提升，规划布局上述省份间的交通基础设施，打通各要素流动通道，以此推动土地利用低碳利用的区域均衡与协调发展。

（2）城市建设用地碳排放效率的空间关联网络特征及其影响因素分析。本部分以山东省为研究区域，探讨了地级市层面碳排放约束下的建设用地利用效率的空间关联特征及其造成该特征的影响因素，对于协同提升区域间的建设用地碳排放效率，进而提升土地资源配置效率和推动绿色低碳发展具有重要意义。主要研究结论为：2003～2019年山东省建设用地碳排放效率逐年提升，空间上由西向东逐渐优化；山东省建设用地碳排放效率空间网络密度值相对较低，呈现"扁平化"的等级结构特征，网络结构稳定性逐渐增强；东营、济南、青岛、枣庄和莱芜等城市具备较强的获得提高建设用地碳排放效率的资金、人才和技术等资源要素的吸引力，滨州、聊城、德州、菏泽、威海、日照等城市同时处于地理和网络位置边缘，缺乏效率受益和溢出渠道；板块与板块之间联系更为紧密且互动趋势明显，呈现出受益和溢出板块城市成员少而经纪人板块城市成员多的非均衡特征；空间关联网络的形成是地理邻近、经济发展、产业结构、土地利用强度、土地利用结构和城市化等因素差异综合作用的结果，体现了流动要素在非流动要素建设用地上的空间配置和网络联系的紧密度。该研究提供基于"关系数据"刻画土地利用碳排放效率空间网络特征的"齐鲁样本"，证实优化建设用地碳排放效率空间关联网络，有助于协同提升城市建设用地碳排放效率以调控土地利用碳减排。

第三，将撤县设区、城市扩张和碳排放置于同一研究框架下研究，采用双重差分法研究了撤县设区对城市扩张的影响，采用中介效应和空间杜宾模型探讨了城市扩张对碳排放的影响机制，进一步回应了经济社会系统的研究视角。

（1）撤县设区对城市扩张的影响机制分析。撤县设区是地方政府优化空间治理、推进区域一体化的重要手段。城市扩张为社会经济建设提供了足够的空间支持，但过快的城市扩张速度可能会对粮食安全和生态保护造成威胁。本部分以近年来地方政府为突破行政边界对发展的束缚而广泛采用的撤县设区政策为研究对象，采用空间杜宾模型和双重差分方法探讨了其与城市扩张的关系。结果表明，实施撤县设区政策城市的扩张率比未实施政策的城市快 13.455 平方千米/年。以撤县设区政策实施时间为分界点，城市扩张速度提高了 6.951 平方千米/年。总的来说，在控制了影响城市扩张的其他因素的情况下，撤县设区政策使城市扩张率提高了 19.3%。中介机制检验发现撤县设区政策主要通过增加非农产业比重、提高农村转移人口比重、改善基础设施建设、扩大固定资产投资等对城市扩张产生积极影响，通过增加政府干预程度和扩大市场规模对城市扩张产生消极影响。总体而言，撤县设区政策对城市扩张的综合影响是积极的，其主要通过间接途径产生影响。该研究结果提供了一个更全面地了解城市扩张影响因素的途径，将有利于城市规划和管理，有效地控制未经规划的城市扩张。

（2）城市扩张对碳排放的影响效应：基于空间互动和传导机制。城市建设用地的紧缺性和碳减排目标的紧迫性是中国高质量发展的"两难"挑战。该研究构建城市扩张对碳排放的影响效应和传导机制的理论框架，并基于 2007～2019 年中国 284 个城市的面板数据，运用空间杜宾模型和中介效应模型进行实证检验。主要结果表明：城市扩张与碳排放存在显著的空间异质性、空间自相关性和空间溢出性。城市扩张热点由全国多点分布向区域集中分布转变，碳排放热点保持稳定的空间分布格局。城市扩张对当地碳排放有"U"形直接影响，而在政府间策略互动下对周边城市碳排放存在倒"U"形空间溢出效应。产业结构升级和产业集聚是城市扩张影响碳排放的重要中介机制。为了促进碳减排和产业发展的同时将正向空间溢出效应最大化，城市扩张水平应限制在土地扩张率为人口扩张率的两倍左右。上述研究结果强调了划定合理城市扩张阈值和重视空间策略互动对促进区域协同低碳发展的重要性。

　　本书为进一步深化研究土地利用碳排放效应提供了切入视角和数据基础，为与时俱进地回应现实之需，后续研究仍需从研究视角、研究方法、研究区域、数据模型等多维视角展开。在土地利用效应传导机制方面，主要考虑更具可调控的土地利用方式的碳排放效应，如土地资源配置的碳排放效应；在土地出让市场化方面，持续收集多维数据，选用不同区域层面、不同理论模型深入考虑土地出让市场化对碳排放的多元化影响效果，力求细化土地要素市场化配置对碳排放的影响路径；在调控对策体系构建方面，应将面向"双碳"战略而实行的环境规制类政策对土地利用的影响纳入考虑，并综合考虑与土地利用政策的协同降污减碳效应。探索未知和规律是我们科技工作者的应有之力，未来团队将在此研究方向持续深耕。

参 考 文 献

[1] 毕宝德. 土地经济学 [M]. 北京：中国人民大学出版社，2011：75-78.

[2] 陈翠芳，卢新海，刘茜，等. 城市土地集约利用能提升经济增长质量吗？[J]. 资源与产业，2019，21（3）：67-74.

[3] 陈丹玲，卢新海，匡兵. 长江中游城市群城市土地利用效率的动态演进及空间收敛 [J]. 中国人口·资源与环境，2018，28（12）：106-114.

[4] 陈前利，马贤磊，石晓平，等. 工业用地供应行为影响工业能源碳排放吗？——基于供应规模、方式与价格三维度分析 [J]. 中国人口·资源与环境，2019，29（12）：57-67.

[5] 陈晓玲，曾永年，王慧敏. 区域土地利用总体规划碳效应分析——以青海省海东市为例 [J]. 中国人口·资源与环境，2015，25（S1）：31-34.

[6] 陈耀亮，罗格平，叶辉，等. 1975—2005年中亚土地利用/覆被变化对森林生态系统碳储量的影响 [J]. 自然资源学报，2015，30（3）：397-408.

[7] 陈迎，巢清尘. 碳达峰、碳中和100问 [M]. 北京：人民日报出版社，2021：1-70.

[8] 陈真玲，李金铠，李静. 中国省域城镇土地利用效率的影响因素及空间溢出效应 [J]. 经济经纬，2017，34（4）：25-30.

[9] 成刚. 数据包络分析方法与MaxDEA软件 [M]. 北京：知识产权出版社，2014：62-148.

[10] 崔玮, 苗建军, 邹伟. 武汉城市圈土地利用空间关联的碳排放效率及其收敛性分析 [J]. 长江流域资源与环境, 2016, 25 (12): 1824 - 1831.

[11] 董祚继. 低碳概念下的国土规划 [J]. 城市发展研究, 2010, 17 (7): 1 - 5.

[12] 杜海波, 魏伟, 张学渊, 等. 黄河流域能源消费碳排放时空格局演变及影响因素——基于 DMSP/OLS 与 NPP/VIIRS 夜间灯光数据 [J]. 地理研究, 2021, 40 (7): 2051 - 2065.

[13] 范建双, 虞晓芬, 周琳. 南京市土地利用结构碳排放效率增长及其空间相关性 [J]. 地理研究, 2018, 37 (11): 2177 - 2192.

[14] 冯薇, 赵荣钦, 谢志祥, 等. 碳中和目标下土地利用碳排放效率及其时空格局——以黄河流域 72 个地级市为例 [J]. 中国土地科学, 2023, 37 (1): 102 - 113.

[15] 干春晖, 郑若谷, 余典范. 中国产业结构变迁对经济增长和波动的影响 [J]. 经济研究, 2011, 46 (5): 4 - 16 + 31.

[16] 耿元波, 董云社, 孟维奇. 陆地碳循环研究进展 [J]. 地理科学进展, 2000 (4): 297 - 306.

[17] 韩海彬, 吴伟波. 新型城镇化与土地集约利用交互效应分析——基于 PVAR 模型的京津冀城市群综合评价 [J]. 城市问题, 2020 (7): 11 - 20.

[18] 韩骥, 周翔, 象伟宁. 土地利用碳排放效应及其低碳管理研究进展 [J]. 生态学报, 2016, 36 (4): 1152 - 1161.

[19] 何好俊, 彭冲. 城市产业结构与土地利用效率的时空演变及交互影响 [J]. 地理研究, 2017, 36 (7): 1271 - 1282.

[20] 胡碧霞, 李菁, 匡兵. 绿色发展理念下城市土地利用效率差异的演进特征及影响因素 [J]. 经济地理, 2018, 38 (12): 183 - 189.

[21] 黄少安. 山东经济定位与区域发展战略重点研究 [J]. 经济与管理评论, 2022 (3): 5 - 13.

[22] 黄贤金, 赖力. 构建低碳国土空间格局体系 [N]. 中国自然

资源报，2021 - 04 - 02（003）.

[23] 黄鑫，邢秀为，程文仕. 土地利用碳排放与 GDP 含金量的脱钩关系及驱动因素 [J]. 地域研究与开发，2020，39（3）：156 - 161.

[24] 吉雪强，刘慧敏，张跃松. 中国省际土地利用碳排放空间关联网络结构演化及驱动因素 [J]. 经济地理，2023，43（2）：190 - 200.

[25] 姜旭，卢新海，龚梦琪. 土地出让市场化、产业结构优化与城市绿色全要素生产率——基于湖北省的实证研究 [J]. 中国土地科学，2019，33（5）：50 - 59.

[26] 金刚，沈坤荣，李剑. "以地谋发展" 模式的跨界污染后果 [J]. 中国工业经济，2022（3）：95 - 113.

[27] 赖力. 中国土地利用的碳排放效应研究 [D]. 南京：南京大学，2010：1 - 157.

[28] 蓝家程，傅瓦利，袁波，等. 重庆市不同土地利用碳排放及碳足迹分析 [J]. 水土保持学报，2012，26（1）：146 - 150 + 155.

[29] 李光亮，李效顺，和伟康，等. 基于系统建模的城市土地利用碳达峰仿真研究——以江苏省为例 [J]. 长江流域资源与环境，2023，32（2）：260 - 272.

[30] 李国煜，王嘉怡，曹宇，等. 碳排放约束下的福建省城镇建设用地利用效率动态变化与影响因素 [J]. 中国土地科学，2020，34（4）：69 - 77.

[31] 李建豹，黄贤金，孙树臣，等. 长三角地区城市土地与能源消费 CO_2 排放的时空耦合分析 [J]. 地理研究，2019，38（9）：2188 - 2201.

[32] 李颖，黄贤金，甄峰. 江苏省区域不同土地利用方式的碳排放效应分析 [J]. 农业工程学报，2008，24（S2）：102 - 107.

[33] 李勇刚，罗海艳. 土地资源错配阻碍了产业结构升级吗？——来自中国 35 个大中城市的经验证据 [J]. 财经研究，2017，43（9）：110 - 121.

[34] 李志翠，徐波，卞亚斌. 城市化、土地价格与产业结构调整——基于面板 VAR 模型的研究 [J]. 城市发展研究，2015，22（6）：12-18.

[35] 联合国发布《2020 年世界城市报告》[J]. 上海城市规划，2020（6）：138.

[36] 刘华军，何礼伟. 中国省际经济增长的空间关联网络结构——基于非线性 Granger 因果检验方法的再考察 [J]. 财经研究，2016，2：97-107.

[37] 刘华军，刘传明，孙亚男. 中国能源消费的空间关联网络结构特征及其效应研究 [J]. 中国工业经济，2015（5）：83-95.

[38] 刘慧，成升魁，张雷. 人类经济活动影响碳排放的国际研究动态 [J]. 地理科学进展，2002（5）：420-429.

[39] 刘军. 整体网分析（第三版）——UCINET 软件使用指南 [M]. 上海：格致出版社，上海人民出版社，2019：5-385.

[40] 刘凯，吴怡，陶雅萌，等. 中国省域生态文明建设对碳排放强度的影响 [J]. 中国人口·资源与环境，2019，29（7）：50-56.

[41] 刘守英，王志锋，张维凡，等. "以地谋发展"模式的衰竭——基于门槛回归模型的实证研究 [J]. 管理世界，2020，36（6）：80-92+119+246.

[42] 刘伟，张辉，黄泽华. 中国产业结构高度与工业化进程和地区差异的考察 [J]. 经济学动态，2008（11）：4-8.

[43] 刘璇，许恒周，张苗. 土地出让市场化的碳排放效应及传导机制——基于产业结构中介视角 [J]. 中国人口·资源与环境，2022，32（6）：12-21.

[44] 卢娜，冯淑怡，曲福田. 经济发展对我国土地利用碳排放的影响 [J]. 南京农业大学学报（社会科学版），2013，13（2）：108-115.

[45] 卢新海，陈丹玲，匡兵. 区域一体化对城市土地利用效率的影响——以武汉城市群为例 [J]. 城市问题，2018（3）：19-26.

[46] 卢新海, 唐一峰, 匡兵. 长江中游城市群城市土地利用效率空间溢出效应研究 [J]. 长江流域资源与环境, 2018, 27 (2): 252 – 261.

[47] 吕倩, 刘海滨. 基于夜间灯光数据的黄河流域能源消费碳排放时空演变多尺度分析 [J]. 经济地理, 2020, 40 (12): 2051 – 2065.

[48] 罗谷松, 李涛. 碳排放影响下的中国省域土地利用效率差异动态变化与影响因素 [J]. 生态学报, 2019, 39 (13): 4751 – 4760.

[49] 罗娇娇. 工业用地集约利用壁垒及机制研究 [D]. 杭州: 浙江大学, 2019: 1 – 180.

[50] 倪鹏飞, 徐海东, 沈立, 等. 城市经济竞争力: 关键因素与作用机制——基于亚洲 566 个城市的结构方程分析 [J]. 北京工业大学学报 (社会科学版), 2019, 19 (1): 50 – 59.

[51] 潘文卿. 中国的区域关联与经济增长的空间溢出效应 [J]. 经济研究, 2012, 47 (1): 54 – 65.

[52] 彭冲, 陈乐一, 韩峰. 新型城镇化与土地集约利用的时空演变及关系 [J]. 地理研究, 2014, 33 (11): 2005 – 2020.

[53] 彭山桂, 景霖霖, 张苗, 等. 地方政府土地出让互动影响模式及其溢出效应研究 [J]. 中国人口·资源与环境, 2019, 29 (8): 156 – 167.

[54] 彭文甫, 樊淑云, 潘荟交, 等. 区域土地利用变化的碳排放效应及时空格局研究 [J]. 生态经济, 2013 (9): 28 – 33.

[55] 曲福田, 卢娜, 冯淑怡. 土地利用变化对碳排放的影响 [J]. 中国人口·资源与环境, 2011, 21 (10): 76 – 83.

[56] 任晓松, 刘宇佳, 赵国浩. 经济集聚对碳排放强度的影响及传导机制 [J]. 中国人口·资源与环境, 2020, 30 (4): 95 – 106.

[57] 邵海琴, 王兆峰. 中国交通碳排放效率的空间关联网络结构及其影响因素 [J]. 中国人口·资源与环境, 2021, 31 (4): 32 – 41.

[58] 邵帅, 张可, 豆建民. 经济集聚的节能减排效应: 理论与中国经验 [J]. 管理世界, 2019, 35 (1): 36 – 60 + 226.

[59] 石敏俊，范宪伟，郑丹．土地开发对城市经济增长的作用机制和传导路径——基于结构方程模型的实证检验 [J]．中国人口·资源与环境，2017，27（1）：1-9．

[60] 宋丽颖，张安钦．中国"压力型"财政激励的产业结构调整效应 [J]．财贸经济，2021，42（6）：21-36．

[61] 苏泳娴，陈修治，叶玉瑶，等．基于夜间灯光数据的中国能源消费碳排放特征及机理 [J]．地理学报，2013，68（11）：1513-1526．

[62] 孙赫，梁红梅，常学礼，等．中国土地利用碳排放及其空间关联 [J]．经济地理，2015，35（3）：154-162．

[63] 孙贤斌．安徽省会经济圈土地利用变化的碳排放效益 [J]．自然资源学报，2012，27（3）：394-401．

[64] 陶长琪．空间计量经济学的前沿理论及应用 [M]．北京：科学出版社，2016：131-134．

[65] 田多松，傅碧天，吕永鹏，等．基于SD和CLUE-S模型的区域土地利用变化对土壤有机碳储量影响研究 [J]．长江流域资源与环境，2016，25（4）：613-620．

[66] 汪伟，刘玉飞，彭冬冬．人口老龄化的产业结构升级效应研究 [J]．中国工业经济，2015（11）：47-61．

[67] 汪友结．城市土地低碳利用的外部现状描述、内部静态测度及动态协调控制 [D]．杭州：浙江大学，2011：1-195．

[68] 王博，吴天航，冯淑怡．地方政府土地出让干预对区域工业碳排放影响的对比分析——以中国8大经济区为例 [J]．地理科学进展，2020，39（9）：1436-1446．

[69] 王锋，秦豫徽，刘娟，等．多维度城镇化视角下的碳排放影响因素研究——基于中国省域数据的空间杜宾面板模型 [J]．中国人口·资源与环境，2017，27（9）：151-161．

[70] 王晗，侯甬坚．1631-1911年黄土丘陵沟壑区小流域土地利用及其对水土流失的影响——以米脂县东沟河流域为例 [J]．干旱区资

源与环境，2008（10）：30－36.

［71］王康，李志学，周嘉．环境规制对碳排放时空格局演变的作用路径研究——基于东北三省地级市实证分析［J］．自然资源学报，2020，35（2）：343－357.

［72］王守坤，王菲．土地出让是否会增加雾霾污染？——基于中国地级市面板数据的实证分析［J］．当代经济科学，2022，44（2）：82－92.

［73］王彤．碳排放对土地集约利用的响应研究［D］．北京：中国地质大学，2020：19－30.

［74］王渊刚，罗格平，冯异星，等．近50a玛纳斯河流域土地利用/覆被变化对碳储量的影响［J］．自然资源学报，2013，28（6）：994－1006.

［75］魏燕茹，陈松林．福建省土地利用碳排放空间关联性与碳平衡分区［J］．生态学报，2021，41（14）：1－11.

［76］邬彩霞．中国低碳经济发展的协同效应研究［J］．管理世界，2021，37（8）：105－117.

［77］吴萌，任立，陈银蓉．城市土地利用碳排放系统动力学仿真研究——以武汉市为例［J］．中国土地科学，2017，31（2）：29－39.

［78］夏楚瑜，李艳，叶艳妹，等．基于生态网络效用的城市碳代谢空间分析——以杭州为例［J］．生态学报，2018，38（1）：1－13.

［79］徐升艳，陈杰，赵刚．土地出让市场化如何促进经济增长［J］．中国工业经济，2018（3）：44－61.

［80］许恒周，郭玉燕，陈宗祥．土地市场发育、城市土地集约利用与碳排放的关系——基于中国省际面板数据的实证分析［J］．中国土地科学，2013，27（9）：26－29.

［81］许恒周，殷红春，郭玉燕．我国农地非农化对碳排放的影响及区域差异——基于省际面板数据的实证分析［J］．财经科学，2013（3）：75－82.

［82］杨皓然，吴群．不同政策方案下的南京市土地利用碳排放动

态模拟 [J]. 地域研究与开发, 2021, 40 (3): 121 – 126.

[83] 杨皓然, 吴群. 基于系统 GMM 面板模型的土地利用碳排放效应研究——以中国省际面板数据为例 [J]. 土壤通报, 2019, 50 (3): 541 – 549.

[84] 杨俊, 黄贤金, 王占岐, 等. 新时代中国城市土地集约利用若干问题的再认识 [J]. 中国土地科学, 2020, 34 (11): 31 – 37.

[85] 杨庆媛. 土地利用变化与碳循环 [J]. 中国土地科学, 2010, 24 (10): 7 – 12.

[86] 杨先明, 李波. 土地出让市场化能否影响企业退出和资源配置效率? [J]. 经济管理, 2018, 40 (11): 55 – 72.

[87] 易丹, 欧名豪, 郭杰, 等. 土地利用碳排放及低碳优化研究进展与趋势展望 [J]. 资源科学, 2022, 44 (8): 1545 – 1559.

[88] 游和远, 吴次芳. 土地利用的碳排放效率及其低碳优化: 基于能源消耗的视角 [J]. 自然资源学报, 2010, 25 (11): 1875 – 1886.

[89] 于斌斌, 苏宜梅. 土地财政如何影响土地利用效率?——基于规模与技术视角的动态空间杜宾模型检验 [J]. 地理研究, 2022, 41 (2): 527 – 545.

[90] 余光英, 员开奇. 基于碳平衡适宜性评价的城市圈土地利用结构优化 [J]. 水土保持研究, 2014, 21 (5): 179 – 184 + 192.

[91] 袁凯华, 梅昀, 陈银蓉, 等. 中国建设用地集约利用与碳排放效率的时空演变与影响机制 [J]. 资源科学, 2017, 39 (10): 1882 – 1895.

[92] 苑韶峰, 唐奕钰. 低碳视角下长江经济带土地利用碳排放的空间分异 [J]. 经济地理, 2019, 39 (2): 190 – 198.

[93] 张德钢, 陆远权. 中国碳排放的空间关联及其解释——基于社会网络分析法 [J]. 软科学, 2017, 31 (4): 15 – 18.

[94] 张红凤, 曲衍波. 中国城镇化发展与土地集约利用的时空耦合及调控格局 [J]. 经济理论与经济管理, 2018 (10): 44 – 54.

[95] 张军, 吴桂英, 张吉鹏. 中国省际物质资本存量估算:

1952—2000 [J]. 经济研究, 2004 (10)：35 – 44.

[96] 张军, 章元. 对中国资本存量 K 的再估计 [J]. 经济研究, 2003 (7)：35 – 43 + 90.

[97] 张苗, 陈银蓉, 程道平, 等. 土地利用结构和强度变化对碳排放影响分析 [J]. 资源开发与市场, 2018, 34 (5)：624 – 628 + 675.

[98] 张苗, 陈银蓉, 周浩. 基于面板数据的土地集约利用水平与土地利用碳排放关系研究——以 1996—2010 年湖北省中心城市数据为例 [J]. 长江流域资源与环境, 2015, 24 (9)：1464 – 1470.

[99] 张苗, 甘臣林, 陈银蓉, 等. 中国城市建设用地开发强度的碳排放效率分析与低碳优化 [J]. 资源科学, 2016, 38 (2)：265 – 275.

[100] 张苗, 吴萌. 土地利用对碳排放影响的作用机制和传导路径分析——基于结构方程模型的实证检验 [J]. 中国土地科学, 2022, 36 (3)：96 – 103.

[101] 张苗. 中国土地利用碳排放效率与收敛性研究 [D]. 武汉：华中农业大学, 2017：54 – 62.

[102] 张润森, 濮励杰, 文继群, 等. 建设用地扩张与碳排放效应的库兹涅茨曲线假说及验证 [J]. 自然资源学报, 2012, 27 (5)：723 – 733.

[103] 张诗嘉, 杜书云, 刘晓英, 等. 黄河下游城市群土地利用生态效率时空差异及影响因素研究 [J]. 资源开发与市场, 2022, 38 (3)：280 – 289.

[104] 张诗嘉, 刘晓英, 杜书云. 中原城市群城市土地利用效率时空差异及影响因素研究 [J]. 长江流域资源与环境, 2021, 30 (10)：2417 – 2429.

[105] 张镱锂, 张玮, 丁明军. 基于土地利用/覆被分类系统估算碳储量的差异——以海南岛森林为例 [J]. 地理科学进展, 2004 (6)：63 – 70.

[106] 赵丹丹, 胡业翠. 土地集约利用与城市化相互作用的定量研

究——以中国三大城市群为例 [J]. 地理研究, 2016, 35 (11): 2105 - 2115.

[107] 赵林, 曹乃刚, 韩增林, 等. 中国绿色经济效率空间关联网络演变特征及影响因素 [J]. 资源科学, 2021, 43 (10): 1933 - 1946.

[108] 赵林, 高晓彤, 刘焱序, 等. 中国包容性绿色效率空间关联网络结构演变特征分析 [J]. 经济地理, 2021, 41 (9): 69 - 78 + 90.

[109] 赵荣钦. 城市生态经济系统碳循环及其土地调控机制研究 [D]. 南京: 南京大学, 2011: 1 - 183.

[110] 赵荣钦, 黄贤金, 刘英, 等. 区域系统碳循环的土地调控机理及政策框架研究 [J]. 中国人口·资源与环境, 2014, 24 (5): 51 - 56.

[111] 赵荣钦, 黄贤金, 郧文聚, 等. 碳达峰碳中和目标下自然资源管理领域的关键问题 [J]. 自然资源学报, 2022, 37 (5): 1123 - 1136.

[112] 赵荣钦, 黄贤金, 钟太洋, 等. 区域土地利用结构的碳效应评估及低碳优化 [J]. 农业工程学报, 2013, 29 (17): 220 - 229.

[113] 政府间气候变化专门委员会 IPCC 第六次评估报告第一工作组报告. 气候变化 2021: 自然科学基础 [R]. 英国剑桥: 剑桥大学出版社, 2021.

[114] 政府间气候变化专门委员会. IPCC 第五次阶段报告 [R]. 英国剑桥: 政府间气候变化专门委员会, 2013 - 2014.

[115] 钟顺昌, 汪文竹, 闫程莉. 碳减排目标下中国省域城市建设用地空间配置响应研究 [J]. 自然资源学报, 2023, 38 (7): 1896 - 1918.

[116] 周璟茹, 赵华甫, 吴金华. 关中城市群土地集约利用与碳排放关系演化特征研究 [J]. 中国土地科学, 2017, 31 (11): 55 - 61 + 72.

[117] 朱志远. 基于空间效应的中国城市土地集约利用水平测度研究 [J]. 南京航空航天大学, 2017: 87 - 95.

［118］ Alan V. N. & James L. S. Handbook of Natural Resources and Energy Economics ［M］. 李晓西, 史培军, 等译. 北京: 经济科学出版社, 2010: 759 - 1357.

［119］ Ali G. & Nitivattananon V. Exercising multidisciplinary approach to assess interrelationship between energy use, carbon emission and land use change in a metropolitan city of Pakistan ［J］. Renewable & Sustainable Energy Reviews, 2012, 16 (1): 775 - 786.

［120］ Aller C. & Ductorl, et al. Robust determinants of CO_2 emissions ［J］. Energy Economics, 2021, 96: 105154.

［121］ Aller C. & Ductor L. Robust determinants of CO_2 emissions ［J］. Energy Economics, 2021, 96.

［122］ Arora K V, Boer J G. Uncertainties in the 20th century carbon budget associated with land use change ［J］. Global Change Biology, 2010, 16 (12): 3327 - 3348.

［123］ Baron R M. & Kenny D A. The moderator-mediator variable distinction in social psychological research: conceptual, strategic, and statistical considerations ［J］. Journal of personality and social psychology, 1986, 51 (6): 1173 - 1182.

［124］ Batty M. A theory of city size ［J］. Science, 2013, 340: 1418 - 1419.

［125］ Beetz S. & Liebersbachh, et al. Effects of land use intensity on the full greenhouse gas balance in an Atlantic peat bog ［J］. Biogeosciences, 2013, 10 (2): 1067 - 1082.

［126］ Bin Z, Li - Na H, Xin - Hai L U. Intensive Urban Land Use from the Perspective of Comprehensive and Sustainable Development: Comparis on and Reviewon Chinese and Foreign Studies ［J］. China Land Science, 2010, 24 (3): 75 - 80.

［127］ Braenniund R. & Lundgren T, et al. Carbon intensity in production and the effects of climate policy - Evidence from Swedish industry ［J］.

Energy Policy, 2014, 67 (apr.): 844 – 857.

[128] Brehm S. Fiscal incentives, public spending, and productivity-county-level evidence from a Chinese province [J]. World Development, 2013, 46: 92 – 103.

[129] Campbell C A, Zentner R P, Liang B C, et al. Organic C accumulation in soil over 30 years in semiarid southwestern Saskatchewan-effect of crop rotations and fertilizers [J]. Canadian Journal of Soil Science, 2000, 80 (1): 179 – 192.

[130] Chen J. & Gao M, et al. County-level CO_2 emissions and sequestration in China during 1997 – 2017 [J]. Scientific Data, 2020, 7 (1): 235 – 246.

[131] Choy H L, Ho K W. Building a low carbon China through Coasean bargaining [J]. Habitat International, 2018, 75: 139 – 146.

[132] Chuai X. & Huang X, et al. A preliminary study of the carbon emissions reduction effects of land use control [J]. Scientific Reports, 2016, 6: 36901.

[133] Collin J – P, Léveillée J, Poitras C. New challenges and old solutions: Metropolitan reorganization in Canadian and U. S. City – Regions [J]. Journal of Urban Affairs, 2016, 24: 317 – 332.

[134] Dong F, Wang Y, Su B, et al. The process of peak CO_2 emissions in developed economies: A perspective of industrialization and urbanization [J]. Resources, Conservation & Recycling, 2019, 141: 61 – 75.

[135] Dubé J, Jean, Legros D, et al. A spatial Difference-in – Differences estimator to evaluate the effect of change in public mass transit systems on house prices [J]. Transportation Research Part B: Methodological, 2014, 64: 24 – 40.

[136] Echeverri – Carroll E L, Ayala S G. Urban wages: Does city sizematter? [J]. Urban Studies, 2011, 48: 253 – 271.

[137] Eggleston H. S., Buendia L., Miwa K., et al. IPCC Guide-

lines for National Greenhouse Gas Inventories（2006）［M］. Hayama, Japan：Institute for Global Environmental Strategies, 2006.

［138］Elhorst J P. Spatial econometrics from cross-sectional data to spatial panels［M］. Heidelberg：Springer, 2014.

［139］Fang G, Gao Z, Tian L, et al. What drives urban carbon emission efficiency? Spatial analysis based on nighttime light data［J］. Apply Energy, 2022, 312：118772.

［140］Fan J, Zhou L. Three-dimensional intergovernmental competition and urban sprawl：evidence from Chinese prefectural-level cities［J］. Land Use Policy, 2019, 87：104035.

［141］Fan Xin. & Qiu Sainan, et al. Land finance dependence and urban land marketization in China：The perspective of strategic choice of local governments on land transfer［J］. Land Use Policy, 2020, 99：105023.

［142］Feng R, Wang K. The direct and lag effects of administrative division adjustment on urban expansion patterns in Chinese mega-urban agglomerations［J］. Land Use Policy, 2022, 112.

［143］Foley J A. & Defries R, et al. Global consequences of land use［J］. Science, 2005, 309（5734）：570 – 574.

［144］Friedlingstein, et al. Global Carbon Budget 2021［J］. Earth System Science Data, 2021.

［145］Fu B T, Wu M, Che Y, et al. Effects of land-use changes on city-level net carbon emissions based on a coupled model［J］. Carbon Management, 2017, 8（3）：245 – 262.

［146］Fu C B, Diaz H, Dong D F, et al. The changes of atmospheric circulation over Northern Hemispheric oceans associated with the global rapid warming of the1920's［J］. International J. of Climatology, 1999, 19：581 – 606.

［147］Fu S H, Dong X F, Chai G J. Industry specialization, diversification, churning, and unemployment in Chinese cities［J］. China Economic

Review, 2010, 21: 508 – 520.

[148] Gong P, Li X, Zhang W. 40 – Year (1978 – 2017) human settlement changes in China reflected by impervious surfaces from satellite remote sensing [J]. Science Bulletin, 2019, 64 (11): 756 – 763.

[149] Grieco E, Vangi E, Chiti T, et al. Impacts of deforestation and land use/land cover change on carbon stock dynamics in Jomoro District, Ghana [J]. Journal of Environmental Management, 2024, 367121993.

[150] Guan D, He X, He C, et al. Does the urban sprawl matter in Yangtze River Economic Belt, China? An integrated analysis with urban sprawl index and one scenario analysis model [J]. Cities, 2020, 99: 102611.

[151] He J, Jaros K. The multilevel politics of county-to-district mergers in China [J]. Journal of Contemporary China, 2022: 1 – 19.

[152] Heng Y. Fiscal disparities and the equalization effects of fiscal transfers at the county level in China [J]. Annals of Economics and Finance, 2008, 9: 117 – 151.

[153] Houghton A R. & Nassikas A. A. Global and regional fluxes of carbon from land use and land cover change 1850 – 2015 [J]. Global Biogeochemical Cycles, 2017, 31 (3): 456 – 472.

[154] Houghton A R, Ramakrishna K. A Review of National Emissions Inventories from Select Non – Annex I Countries: Implications for Counting Sources and Sinks of Carbon [J]. Annual Review of Energy and the Environment, 1999, 24 (0): 571 – 605.

[155] Houghton R A. Historic role of forests in the global carbon cycle [M]. Carbon Dioxide Mitigation in Forestry and Wood Industry. Berlin: Springer, 1998.

[156] Houghton R A, House J I, Pongratz J, et al. Carbon emissions from land use and land-cover change [J]. Biogeosciences, 2012, 9 (12): 5125 – 5142.

［157］ Houghton R A. Magnitude, distribution and causes of terrestrial carbon sinks and some implications for policy ［J］. Climate Policy, 2002, 2 (1): 71 –88.

［158］ Huang J T, Lo K T, She P W. The impact of fiscal decentralization on tax effort of China's local governments after the tax sharing system ［J］. Singapore Economic Review, 2012, 57.

［159］ Hui Eddie C. M. & Wu Yuzhe, et al. Analysis on coupling relationship of urban scale and intensive use of land in China ［J］. Cities, 2015, 42: 63 –69.

［160］ Jia L, Limin J, Runpeng L, et al. How does market-oriented allocation of industrial land affect carbon emissions? Evidence from China ［J］. Journal of Environmental Management, 2023, 342: 118288.

［161］ Jiang Ronghao. & LIN George C. S. Placing China's land marketization: The state, market, and the changing geography of land use in Chinese cities ［J］. Land Use Policy, 2021, 103: 105293.

［162］ Jia R, Shao S, Yang L. High-speed rail and CO_2 emissions in urban China: A spatial difference-in-differences approach ［J］. Energy Economics, 2021, 99.

［163］ Jia X, Liu X, Zhang X. The impact of local government behavior on urban land expansion: Evidence from China ［J］. Land Use Policy, 2020, 91: 104318.

［164］ J. Paul Elhorst. Spatial Econometrics: From Cross – Sectional Data to Spatial Panels ［M］. Berlin: Springer, 2014: 5 –93.

［165］ Khan K, Su C. Urbanization and carbon emissions: a panel threshold analysis ［J］. Environmental Science and Pollution Research, 2021, 28 (20): 1 –9.

［166］ Kukkonen M O, Khamis M, Muhammad M J, et al. Modeling direct above-ground carbon loss due to urban expansion in Zanzibar City Region, Tanzania ［J］. Land Use Policy, 2022, 112: 105810.

［167］Lal R. Soil carbon sequestration to mitigate climate change ［J］. Geoderma, 2004, 123 (1): 1 – 22.

［168］Le Quéré, G. P. Peters, R. J. Andres, et al. Global carbon budget 2013 ［J］. Earth System Science Data, 2014, 6 (1): 235 – 263.

［169］Lesage J. & Pace R K. Introduction to Spatial Econometrics ［J］. New York: CRC Press, Taylor & Francis Group, 2009.

［170］Lichtenberg E, Ding C. Local Officials as Land Developers Urban Spatial Expansion in China ［J］. Journal of Urban Economics, 2009, 66: 57 – 64.

［171］Li G, Fang C, Li Y, et al. Global impacts of future urban expansion on terrestrial vertebrate diversity ［J］. Nature Communications, 2022, 13: 1628.

［172］Li G, Sun S, Fang C. The varying driving forces of urban expansion in China: Insights from a spatial-temporal analysis ［J］. Landscape and Urban Planning, 2018, 174: 63 – 77.

［173］Li H, Wei Y D, Liao F H, et al. Administrative hierarchy and urban land expansion in transitional China ［J］. Applied Geography, 2015, 56: 177 – 186.

［174］Lin B, Ma R. Green technology innovations, urban innovation environment and CO_2 emission reduction in China: fresh evidence from a partially linear functional-coefficient panel model ［J］. Technobgical Forecasting & Social Change, 2022, 176: 121434.

［175］Lin G C S, Yi F X. Urbanization of capital or capitalization on urban land? Land development and local public finance in urbanizing China ［J］. Urban Geography, 2011, 32: 50 – 79.

［176］Liu M S, Lo K. The territorial politics of urban expansion: Administrative annexation and land acquisition ［J］. Cities, 2022, 126.

［177］Liu Y, Li X, Wang J. Understanding the driving forces of urban land expansion in China: A case study of Wuhan ［J］. Land Use Policy,

2012, 29 (2): 239 – 247.

[178] Liu Yungang, Li Zhigang, Jin Jie. Pseudo-urbanization or Real Urbanization?: Urban China's Mergence of Administrative Regions and Its Effects: A Case Study of Zhongshan City, Guangdong Province [J]. China Review, 2014, 14: 37 – 59.

[179] Liu Zhu & GUAN Dabo, et al. Reduced carbon emission estimates from fossil fuel combustion and cement production in China [J]. Nature, 2015, 524: 335 – 338.

[180] Li X M, Zhou W Q, OUYANG Z Y. Forty years of urban expansion in Beijing: what is the relative importance of physical, socioeconomic, and neighborhoodfactors? [J]. Applied Geography, 2013, 38: 1 – 10.

[181] Loo B P Y, Chow S Y. China's 1994 tax-sharing reforms-one system, differential impact [J]. Asian Survey, 2006, 46: 215 – 237.

[182] Lu, Tsai. Inter – Governmental Vertical Competition in China's Urbanization Process [J]. Journal of Contemporary China, 2019, 28 (115): 99 – 117.

[183] Lu W W, Tsai K S. Inter-governmental vertical competition in China's urbanization process [J]. Journal of Contemporary China, 2019, 28: 99 – 117.

[184] Melillo J M, Steudler P A, Aber J D, et al. Soil warming and carbon-cycle feedbacks to the climate system [J]. Science, 2003, 299 (5608): 217 – 220.

[185] Guo L B, Gifford R M. Soil carbon stocks and land use change: a meta analysis [J]. Global Change Biology, 2002, 8 (4): 345 – 360.

[186] Oda T. & Maksyutov S, et al. The Open-source Data Inventory for Anthropogenic CO_2, version 2016 (ODIAC2016): a global monthly fossil fuel CO_2 gridded emmsions data product for tracer transport simulations and surface flux inversions [J]. Earth System Science Data, 2018: 87 – 107.

[187] Peng S, Huang C. Rationality analysis and driving force classifi-

cation of urban expansion in China [J]. Urban Probl, 2015, 9: 4 – 11.

[188] Pierre F, Michael O, W. M J, et al. Global Carbon Budget 2020 [J]. Earth System Science Data, 2020, 12 (4): 3269 – 3340.

[189] Qu J, Liu X, Li X, et al. Quantifying the relationship between urban forms and carbon emissions using panel data analysis [J]. Landscape Ecology, 2013, 28 (10): 1889 – 1907.

[190] Qu S, Hu S, Li W, et al. Interaction between urban land expansion and land use policy: An analysis using the DPSIR framework [J]. Land Use Policy, 2020, 99.

[191] R. A. H. How well do we know the flux of CO_2 from land-use change? [J]. Tellus B, 2010, 62 (5): 337 – 351.

[192] Savitch H V, Vogel R K. Suburbs without a city [J]. Urban Affairs Review, 2016, 39: 758 – 790.

[193] Shan Yuli. & Guan Dabo, et al. China CO_2 emission accounts 1997 – 2015 [J]. Scientific Data, 2018, 5 (1): 1 – 14.

[194] Shasang S K, Ahmad S M, Ali O W, et al. Land-use systems regulate carbon geochemistry in the temperate Himalayas, India [J]. Journal of Environmental Management, 2022, 320: 115811.

[195] Shen W. & Liang H, et al. Synergistic CO_2 reduction effects in Chinese urban agglomerations: Perspectives from social network analysis [J]. Science of the Total Environment, 2021, 798: 149352.

[196] Shi K, Shen J, Wang L, et al. A multiscale analysis of the effect of urban expansion on PM2. 5 concentrations in China: evidence from multisource remote sensing and statistical data [J]. Building and Environment, 2020, 174: 106778.

[197] Shu H, Xiong P. Reallocation planning of urban industrial land for structure optimization and emission reduction: A practical analysis of urban agglomeration in China's Yangtze River Delta [J]. Land Use Policy, 2019, 81: 604 – 623.

[198] Smith J S, Rothwell A. Carbon density and anthropogenic land-use influences on net land-use change emissions [J]. Biogeosciences, 2013, 10 (10): 6323 –6337.

[199] Solomon S. , Qin D. , Manning M. , et al. (Eds.). Climate change 2007: the physical science basis. Contribution of Working Group I to the Fourth Assessment Report of the Intergovernmental Panel on Climate Change [M]. Cambridge: Cambridge University Press, 2007: 996.

[200] Tian H, Melillo M J, Kicklighter W D, et al. Regional carbon dynamics in monsoon Asia and its implications for the global carbon cycle [J]. Global and Planetary Change, 2003, 37 (3): 201 –217.

[201] Tone K. A slacks-based measure of efficiency in data envelopment analysis [J]. European Journal of Operational Research, 2001, 130 (3): 498 –509.

[202] Turok I, McGranahan G. Urbanization and economic growth: the arguments and evidence for Africa and Asia [J]. Environment & Urbanization, 2013, 25 (2): 465 –482.

[203] United Nations Human Settlements Programme. Future City Advisors' Outlook 2023: Digital Innovation Enabling the Net – Zero Carbon Transformation of Cities [R]. 2023.

[204] United Nations Human Settlements Programme. World Cities Report 2022 [R]. 2022.

[205] Unruh G C, Moomaw W R. An alternative analysis of apparent EKC –type transitions [J]. Ecological Economics, 1998, 25 (2): 221 – 229.

[206] Van Der Borght R, Barbera M P. How urban spatial expansion influences CO_2 emissions in Latin American countries [J]. Cities, 2023, 139: 104389.

[207] Wang J J, Yeh A G O. Administrative restructuring and urban development in China: Effects of urban administrative level upgrading [J].

Urban Studies, 2020, 57: 1201 – 1223.

[208] Wang Zhan, Deng Xiangzheng, et al. Land use structure and e-mission intensity at regional scale: A case study at the middle reach of the Heihe River basin [J]. Applied Energy, 2016, 183: 1581 – 1593.

[209] Wei – Zheng Wang, Lan – Cui Liu, Hua Liao, et al. Impacts of urbanization on carbon emissions: An empirical analysis from OECD countries [J]. Energy Policy, 2021, 151: 112171.

[210] Yang B. & Chen X, et al. Analyzing land use structure efficiency with carbon emissions: A case study in the Middle Reaches of the Yangtze River, China [J]. Journal of Cleaner Production, 2020, 274: 123076.

[211] Yang S. , Yang X. , Gao X. , Zhang, J. Spatial and Temporal Distribution Characteristics of Carbon Emissions and Their Drivers in Shrinking Cities in China: Empirical Evidence Based on the NPP/VIIRS Nighttime Lighting Index [J]. Journal of Environmental Management, 2022, 322: 116082.

[212] Yao X, Kou D, Shao S, et al. Can urbanization process and carbon emission abatement be harmonious? New evidence from China [J]. Environ mental Impact Assessment Review, 2018, 71: 70 – 83.

[213] Yew C P. Pseudo-urbanization? Competitive government behavior and urban sprawl in China [J]. Journal of Contemporary China, 2012, 21: 281 – 298.

[214] You H Y, Yang X F. Urban expansion in 30 megacities of China: Categorizing the driving force profiles to inform the urbanization policy [J]. Land Use Policy, 2017, 68: 531 – 551.

[215] Yuangang W, Geping L, Chaofan L, et al. Net carbon flux from cropland changes in the Central Asian Aral Sea Basin [J]. Journal of Environmental Management, 2022, 314: 115078.

[216] Yue X, Zhou H, Cao Y, et al. Large potential of strengthening the land carbon sink in China through anthropogenic interventions [J]. Sci-

ence Bulletin, 2024, 69 (16): 2622 – 2631.

［217］ Yu Z. & Chen L, et al. Spatial correlations of land-use carbon emissions in the Yangtze River Delta region: A perspective from social network analysis ［J］. Ecological Indicators, 2022, 142: 109147.

［218］ Zeng C, Zhang A, Liu L, et al. Administrative restructuring and land-use intensity—A spatial explicit perspective ［J］. Land Use Policy, 2017, 67: 190 – 199.

［219］ Zeng C, Zhang A, Xu S. Urbanization and administrative restructuring: A case study on the Wuhan urban agglomeration ［J］. Habitat International, 2016, 55: 46 – 57.

［220］ Zhang M. & Liu X, et al. Effects of urban land intensive use on carbon emissions in China: spatial interaction and multi-mediating effect perspective ［J］. Environmental Science and Pollution Research, 2023 (30): 7270 – 7287.

［221］ Zhang Q W, Su S L. Determinants of urban expansion and their relative importance: A comparative analysis of 30 major metropolitans in China ［J］. Habitat International, 2016, 58: 89 – 107.

［222］ Zhang Wenjing. & Xu Hengzhou. Effects of land urbanization and land finance on carbon emissions: A panel data analysis for Chinese provinces ［J］. Land Use Policy, 2017, 63: 493 – 500.